SEBASTIAN VOLLMER

Mit Dominik Hechler

GERMAN CHAMPION

DIE GESCHICHTE MEINER NFL-KARRIERE

riva

Bibliografische Information der Deutschen Nationalbibliothek:
Die Deutsche Nationalbibliothek verzeichnet diese Publikation in der Deutschen Nationalbibliografie; detaillierte bibliografische Daten sind im Internet über http://d-nb.de abrufbar.

Für Fragen und Anregungen
info@rivaverlag.de

6. Auflage 2019
© 2018 by riva Verlag, ein Imprint der Münchner Verlagsgruppe GmbH
Nymphenburger Straße 86
D-80636 München
Tel.: 089 651285-0
Fax: 089 652096

Alle Rechte, insbesondere das Recht der Vervielfältigung und Verbreitung sowie der Übersetzung, vorbehalten. Kein Teil des Werkes darf in irgendeiner Form (durch Fotokopie, Mikrofilm oder ein anderes Verfahren) ohne schriftliche Genehmigung des Verlages reproduziert oder unter Verwendung elektronischer Systeme gespeichert, verarbeitet, vervielfältigt oder verbreitet werden.

Redaktion: Friedrich Müller
Umschlaggestaltung: Marc-T. Fischer
Umschlagabbildung: Icon Sports Wire
Sofern nicht anders angegeben, stammen alle Fotos im Buchinnenteil aus der persönlichen Sammlung des Autors und werden mit seiner Genehmigung verwendet.
Satz: Röser MEDIA GmbH & Co. KG, Karlsruhe
Druck: GGP Media GmbH, Pößneck
Printed in Germany

ISBN Print 978-3-7423-0696-8
ISBN E-Book (PDF) 978-3-7453-0279-0
ISBN E-Book (EPUB, Mobi) 978-3-7453-0280-6

Weitere Informationen zum Verlag finden sie unter

www.rivaverlag.de

Beachten Sie auch unsere weiteren Verlage unter *www.m-vg.de*

Inhalt

Vorwort von Tom Brady
(Quarterback der New England Patriots)................5

Einleitung: Super Bowl 2014 – A German Champion...............7

1 Vom Talent zum harten Arbeiter 15

2 Der steinige Weg zum Draft 2009.........................35

3 »Du bist echt noch nicht gut«.................................57

4 Ein deutscher Rookie als Bradys Bodyguard 63

5 »Ich spüre meine Füße nicht mehr«.......................95

6 Meine Frau als Krankenschwester 119

7 Super-Bowl-Sieg 2014 – No Pain, No Gain 129

8 Zu Besuch im Weißen Haus 145

9 Endstation Denver 151

10 Ein fragwürdiges Ende bei den Patriots 161

11 Ein letzter Blick zurück 167

12 Jetzt zählt nur noch die Familie 175

13 Die Lehren aus meiner Footballkarriere 183

Nachwort – Bill Belichick
(Head Coach der New England Patriots)..............189

Vorwort von Tom Brady (Quarterback der New England Patriots)

Als ich Sebastian im Jahr 2009 zum ersten Mal bei den New England Patriots traf und er mit seinen über zwei Metern Körpergröße und knapp 150 Kilogramm Gewicht vor mir stand, dachte ich mir nur: Wow, der Typ ist ja riesig! Ich war froh, dass wir ihn für uns gewinnen konnten. Denn ich hatte schon zuvor von seinem großen Potenzial gehört und was für ein starker Spieler er sei. Das zeigte er bei den Patriots dann auch. Sebastian erfüllte die Erwartungen nicht nur, er übertraf sie sogar. Das hätten zu Beginn viele nicht für möglich gehalten. Für mich war er all die Jahre nicht nur ein sensationeller Footballspieler, ein guter Teamkollege und wichtiger Führungsspieler bei den Patriots, sondern vor allem auch eine wunderbare Persönlichkeit und ein guter Freund.

Wir hatten schöne und erfolgreiche gemeinsame Jahre in Foxborough. Sebastian verkörperte dabei alles, was man sich von einem guten Mannschaftskollegen wünscht: Zuverlässigkeit, Konstanz, Härte und Cleverness. Alles, was er auf und neben dem Spielfeld machte, war wohlüberlegt. Aber so liebenswürdig und sanftmütig er auch privat war, so unglaublich ehrgeizig und zielstrebig war »Seabass« auf dem Rasen. Er wollte einfach immer erfolgreich sein. Wenn Sebastian für uns spielte, haute er sich voll rein und wollte niemanden an sich vorbeiziehen lassen. Er war ein spektakulärer

Spieler. Sebastian hat sich außerdem nie versteckt und immer Verantwortung übernommen – auf und neben dem Rasen.

Und das ist sicherlich das, was ich auch heute noch am meisten an Sebastian schätze: seine Persönlichkeit. Er ist immer der Gleiche geblieben und in all der Zeit nie abgehoben. Nicht zuletzt deshalb war er immer ein großes Vorbild für andere Spieler in unserem Team. Denn auch in Situationen, in denen Sebastian seine angestammte Position als Right Tackle mal verlassen und aufgrund von Verletzungen seiner Teamkollegen die für ihn ungewohnte Position des Left Tackle übernehmen musste, hat er sich nie beschwert. Ganz im Gegenteil: Er hat diese Herausforderung mit hundertprozentigem Einsatz angenommen. Sebastian trägt sehr viel Stolz und Verantwortungsbewusstsein in sich. Er will immer alles richtig machen und seinem Team helfen. Der gemeinsame Erfolg steht für ihn über allem. Sebastian ist ein absoluter Teamplayer – und das schätze ich sehr an ihm.

Sebastian und ich hatten schon immer eine ganz besondere Beziehung zueinander. Die Chemie zwischen »Seabass« und mir hat von Anfang an einfach gestimmt. Er ist ein großartiger Freund für mich geworden und ich werde sein ganzes Leben lang für ihn da sein. Wann immer er etwas von mir brauchen sollte, werde ich Sebastian zur Verfügung stehen. Ich bin sehr dankbar dafür, ihn kennengelernt zu haben. Nicht nur als Spieler, sondern vor allem als Mensch. Ich bewundere seine Geschichte, woher er kam und wie er sich mit viel Willen und Ehrgeiz nach oben gekämpft hat.

Uns verbinden viele großartige gemeinsame Erinnerungen. Ich wünsche ihm für die Zeit nach seiner aktiven Karriere nur das Beste und bin mir sicher, dass er auch bei allem, was noch kommen mag, sehr erfolgreich sein wird.

Sebastian, ich bin sehr stolz auf Dich!

Tom

Einleitung: Super Bowl 2014 – A German Champion

Es war der 1. Februar 2015 und ich saß im Locker Room mitten in den Katakomben des University of Phoenix Stadium in Glendale, Arizona. Das große Ziel war nur noch ein Spiel entfernt. Ich versuchte mich auf den Super Bowl und auf unseren Gegner zu fokussieren: die Seattle Seahawks. Aber es fiel mir schwer, denn mein ganzer Körper schmerzte.

Ich saß auf einem Stuhl vor meinem Platz in der Kabine, den Blick auf meine Ausrüstung gerichtet und die Kopfhörer auf den Ohren. Ich hörte wie immer Hip Hop. Auf meiner Playlist waren Künstler wie Jay-Z oder Eminem. Im Hintergrund lief auf meinem Tablet noch ein Coaches-Film über die Seahawks und deren Stärken und Schwächen. Ich wollte in dieser Phase kurz vor dem Spiel mit meinen Gedanken alleine sein. Mir war es immer wichtig, in meiner Konzentrationsphase nicht mehr gestört zu werden. Ich dachte in diesem Moment auch an meine Schulter. Denn schon ein paar Tage nach dem Super Bowl würde ich operiert werden. Die Ärzte würden mir bei diesem Eingriff 50 kleine Knorpelstücke entfernen und den Knochen ein wenig abschleifen. Denn ich hatte trotz einer schweren Verletzung immer weitergespielt und schon die komplette Saison auf die Zähne gebissen. Ich hatte mich bereits im ersten Saisonspiel zu Hause gegen die Miami Dolphins so heftig an der rechten Schulter verletzt, dass unser Head Coach Bill Belichick sogar überlegt hatte, mich im darauffolgenden Spiel auf die Bank zu setzen. Er wollte mich schonen, damit ich mich nicht schon zu Beginn der Saison überlaste und vielleicht die komplette Spielzeit ausfalle. Doch auf der Bank sitzen wollte ich auf keinen Fall. Ich hatte Belichick nach dem Dolphins-Spiel gesagt: »Mach dir um mich mal keine Sorgen. Ich mach das schon.«

Der Head Coach der Patriots und ich hatten über die Jahre ein sehr gutes Verhältnis, das vor allem von Ehrlichkeit geprägt war. Wir konnten immer offen reden und haben uns in meiner gesamten Karriere gegenseitig vertraut. Er wusste, dass er sich zu 100 Prozent auf mich verlassen konnte. So war es auch dieses Mal. Ich wollte ihn und vor allem mein Team nicht im Stich lassen. Aber durch all die Spiele und unzähligen Trainingseinheiten in dieser langen NFL-Saison und diverse andere Verletzungen an der gleichen Stelle in den Jahren zuvor hatte sich mein Schulterknochen verformt. Ich konnte meinen rechten Arm jetzt nicht einmal mehr genug anheben, um jemandem die Hand zu schütteln. Die Ärzte meinten sogar, dass ich bereits nicht mehr laufen könnte, wenn ich die gleiche Verletzung im Knie gehabt hätte. Aber jetzt versuchte ich, das alles mental auszublenden. Sogar die Manschette, mit der ich einen Großteil der Saison gespielt hatte, ließ ich beim Super Bowl in der Kabine. Wenn in der Schulter noch mehr reißen sollte, riss es eben. Das war mir in diesem Augenblick egal. Kaputt war ohnehin schon alles. Und operiert werden musste ich sowieso, der Termin stand bereits seit einiger Zeit fest. Für den Erfolg im Super Bowl gegen die Seahawks setzte ich alles auf eine Karte.

Bei Heimspielen fuhr ich normalerweise vier Stunden vor Spielbeginn ins Stadion. Beim Super Bowl waren es nur zwei Stunden. Das hatten die Patriots damals so vorgegeben. Beim Super Bowl und bei Auswärtsspielen fuhren wir gemeinsam mit dem Bus vom Hotel aus ins Stadion. In Foxborough durften wir Spieler einzeln mit dem

Einleitung: Super Bowl 2014 – A German Champion

Auto zum Gillette Stadium fahren. Ich habe die gemeinsamen Fahrten mit dem Teambus bei all unseren Auswärtsfahrten und natürlich auch damals in Arizona als sehr stressig empfunden, weil ich die Zeit eigentlich brauchte, um mich vernünftig vorzubereiten. Also stieg ich in Arizona aus dem Bus und ging noch im Anzug zu unserem Physiotherapeuten, um mir die Knöchel tapen zu lassen. Das sparte Zeit. Denn normalerweise bildete sich beim Tapen vor den Spielen eine ewig lange Schlange. Dieses Mal wollte ich möglichst der Erste sein, damit ich keine Zeit verschwenden würde. Dann ging's weiter in den Locker Room, wo auf einer Tafel stand, wann welcher Mannschaftsteil zum Aufwärmen auf den Rasen durfte. Ich ging vor Auswärtsspielen gerne vorher schon mal raus ins Stadion, um mich aufzuwärmen. Denn in den kleinen Kabinen konnte man ja keine Sprints oder andere Laufübungen machen. Außerdem wollte ich mich orientieren. Wo war die Anzeigetafel? Wo war unsere Seitenlinie? Wo war die 40-Sekunden-Uhr? Und welche Schuhe waren heute die richtigen? Apropos Schuhe: Beim Super Bowl in Glendale, Arizona, hatte Belichick uns allen vorgeschrieben, welches Schuhwerk wir tragen sollten. Und zwar die mit den langen Stollen, für einen besseren Grip auf dem Naturrasen im University Of Phoenix Stadium. Das hatte er sonst nie gemacht. Tatsächlich merkten wir beim Aufwärmen vor der Partie, dass der Naturrasen sehr rutschig, und seine Wahl die richtige gewesen war. Für mich war es trotzdem eine große Umstellung, in Schuhen zu spielen, die ich die gesamte Saison noch nie getragen hatte – vor allem mental. Das war einfach eine Gewohnheitssache. Aber wenn der Head Coach die Vorgabe machte, wurde es eben so gemacht.

Nachdem ich mir in der Kabine dann schon mal Teile meiner Ausrüstung angezogen und meine Handgelenke getapt hatte, wickelte ich nun speziell den Ring- und den Mittelfinger meiner linken Hand zusammen. In beiden waren nämlich sämtliche Sehnen gerissen, die Finger flatterten nur noch so an meiner Hand herum. Kein angenehmes Gefühl, denn jede noch so kleine Erschütterung tat höllisch weh. Ich habe bis heute keine Ahnung, wie mir das passiert ist. Ich kam Mitte der Saison nach einem Spiel in die Kabine, ging unter die Dusche und beim Haarewaschen standen auf einmal beide Finger im 90-Grad-Winkel von der Hand ab. Aber ich hatte mit der Zeit ein System entwickelt, wie ich den Schmerz für die Spiele einigermaßen erträglich gestalten konnte. Nachdem ich die beiden verletzten Finger zusammengetapt hatte, nahm ich den kleinen Finger dazu, wickelte ebenfalls Tape darum und fixierte zum Schluss noch den Zeigefinger dazu. Das gab Halt und ich hatte noch Gefühl in den Fingern. Das war mir wichtig.

Zwei Tage vor dem Super Bowl hatten die Ärzte meine Finger betäubt, um zu schauen, ob ich so spielen könnte. Konnte ich nicht. Denn die Spritze wurde genau zwischen Ring- und Mittelfinger gesetzt, sodass nicht nur die Finger, sondern die komplette Hand taub wurden. Jetzt hatte ich vor dem Super Bowl Entzündungshemmer gespritzt bekommen. Die linderten den Schmerz wenigstens ein wenig. Wobei: Schmerzen hatte ich schon die ganze Saison, sie wurden irgendwann zur Normalität. Man lernt als NFL-Spieler, mit ihnen umzugehen und sie einfach auszublenden. Dabei ging es vor allem um mentale Stärke, ich musste jetzt meine Schmerzen und alles andere um mich herum vergessen.

Ich hatte in der Saison 2011 schon einen Super Bowl verloren, damals gegen die New York Giants. Das sollte mir nicht noch einmal passieren. Ich wollte jetzt alles dafür tun, um die erneute Chance auf den Super-Bowl-Sieg zu nutzen. Außerdem wusste ich nicht, wie lange mein Körper diese ganzen Belastungen noch mitmachen würde. Also ließ ich mich nicht unterkriegen und kämpfte weiter.

Einleitung: Super Bowl 2014 – A German Champion

Wie ich es schon meine gesamte Karriere lang getan hatte. Mein Wille und mein Ehrgeiz waren stärker denn je, ich wollte nur noch raus auf den Rasen. Mein großes Ziel: Die Seahawks schlagen und endlich die Super-Bowl-Trophäe in den Händen halten. In der Kabine rief ein Coach schon mit lauter Stimme: »Twooooo Minutes«. Also Helm auf, sich und die Teamkameraden nochmal kurz mit lautstarken Anfeuerungsrufen auf das Spiel einstimmen, und raus ins Stadion. Meine Eltern, mein Schwager und meine Verlobte und heutige Frau Lindsey waren auch da, unterstützten mich von der Tribüne aus. Meine Schwester ist Lehrerin und konnte leider nicht kommen. Ich warf beim Einlaufen einen kurzen Blick zu ihnen und dann galt meine gesamte Konzentration nur noch meinen beiden Gegenspielern von den Seahawks, Cliff Avril und vor allem Michael Bennett.

Ich war innerlich ruhig, dachte nur: »Mach deinen Job, dann wird das schon gut werden.« So ging es mir vor jedem Spiel. Denn ich hatte mich in den Wochen vor den Partien immer gewissenhaft vorbereitet, und das verlieh mir das nötige Selbstvertrauen. Ich glaubte einfach an meine Stärke. Doch besonders Bennett verlangte mir dieses Mal alles ab. Ich merkte schon früh im Spiel, dass er mich an meine Leistungsgrenze bringen würde. Dann fing Bennett auch noch mit Trashtalk an, redete gefühlt ununterbrochen auf den Referee ein. »Hey Ref«, schrie er immer, »ich habe Kinder zu Hause, mit denen ich morgen auch noch spielen möchte. Schau mal ein bisschen mehr auf die Nummer 76!« Die Nummer 76 war ich. Und ich dachte: »Was will er eigentlich von mir?« Trashtalk war für mich vergeudete Energie, auf so etwas hatte ich keine Lust. Aber ich kannte Bennett noch von früher, aus alten Collegezeiten. Außerdem waren wir im gleichen Jahr gedraftet worden. Ich wusste also genau, was auf mich zukam.

Die Coaches hatten uns gegen Seattle ein kräftezehrendes Spiel vorausgesagt. So kam es dann auch. Insbesondere Seahawks-Running-Back Marshawn Lynch konnten wir nicht stoppen und so blieb das Spiel bis zum Schluss sehr ausgeglichen, kein Team konnte sich entscheidend absetzen. Kurz vor Schluss lagen wir mit 21:24 in Rückstand, als unser Quarterback Tom Brady von der Seitenlinie aus zum Huddle gejoggt kam und meinte: »Hey Leute, das ist jetzt ein Championship Drive.« Und tatsächlich führte er uns blitzschnell übers Feld und am Ende konnte unser Wide Receiver Julian Edelman punkten und uns mit 28:24 in Führung bringen – und das zwei Minuten vor Spielende. Sollte Brady tatsächlich recht behalten, dass das der Championship Drive war? Darauf gab es jetzt noch keine Antwort, die Uhr zeigte immerhin noch 120 Sekunden Spielzeit an. Und Seattle wollte diese Zeit nutzen, wie sie uns in der Folge eindrucksvoll zeigten.

Denn im nächsten Drive der Seahawks marschierte Lynch wieder einmal problemlos durch unsere Defense und so stand Seattle Sekunden vor Schluss vor unserer Endzone. Unser Offensive Coordinator Josh McDaniels rief die gesamte Offense zusammen und sagte: »Die werden jetzt gleich scoren. Also müssen wir auch nochmal raus auf den Rasen und ebenfalls erneut punkten.« Also nahm jeder an der Seitenlinie das Playbook in die Hand und studierte konzentriert den nächsten Drive. Natürlich auch ich. Allerdings sah ich aus dem Augenwinkel heraus, dass Belichick vorne an der Seitenlinie stand und zum Head Coach der Seahawks, Pete Carroll, hinüberschaute. Sie blickten sich gegenseitig sekundenlang in die Augen. Jeder wollte in diesem Moment herausfinden, was der andere in dieser entscheidenden Situation des Super Bowls vorhatte. Alle Position Coaches an der Seitenlinie wurden nervös, schrien immer wieder in ihr Headset: »Was ist denn jetzt der Call?« Nachdem

Einleitung: Super Bowl 2014 – A German Champion

Lynch einen so herausragenden Abend gegen uns hatte, rechneten viele fest damit, dass Carroll zum Schluss auf ein Laufspiel setzen würde. Doch Belichick entschied sich dafür, seine Passverteidigung mit drei Cornerbacks aufs Feld zu schicken. Mit Erfolg. Denn während ich nach wie vor auf mein Playbook starrte, schrie das ganze Stadion auf einmal laut auf. Ich schaute nach oben, wusste aber nicht gleich, was passiert war. Mein erster Blick ging zur Anzeigetafel, der zweite auf den Rasen. Meine Teamkollegen hatten die Arme nach oben gerissen. Dann sah ich, dass unser Rookie Malcolm Butler den Ball hatte. Es dauerte aber gefühlt Stunden, bis ich realisierte, dass Butler den Ball von Seahawks-Quarterback Russell Wilson in unserer Endzone intercepted, also abgefangen hatte und wir jetzt tatsächlich nur noch wenige Sekunden vom Super-Bowl-Triumph entfernt waren. Wir hatten genau diesen Spielzug noch im Training geübt und da hatte Butler noch danebengegriffen, hatte den Ball also nicht abfangen können. Doch jetzt hatte er ihn tatsächlich in seinen Händen. An einen möglichen Super-Bowl-Sieg konnte ich in diesem Moment aber noch nicht denken. Es waren immerhin noch ein paar Sekunden zu spielen. Ich versuchte mich zu konzentrieren und meine Gedanken zu ordnen. Ich dachte über unseren nächsten Spielzug nach, wo auf dem Spielfeld wir ihn beginnen würden und vor allem, was die Seahawks jetzt machen würden. Dann ging ich wieder auf den Rasen, um dafür zu sorgen, dass Seattle keinen Turnover erzwingen oder gar einen Safety erzielen könnte. Wir starteten den eigenen Drive kurz vor unserer Endzone, doch Brady kniete nur noch ab und ließ die Zeit herunterlaufen. Das war's. Wir hatten es tatsächlich geschafft – und ich war endlich am Ziel meiner Träume. An diesem Sieg konnte auch eine von Bennett angezettelte Schlägerei mit unserem Tight End Rob Gronkowski direkt nach der Partie nichts mehr ändern.

German Champion

Konfetti wirbelte durch die Luft. Und das endlich für unser Team. Im Februar 2012 in Indianapolis hatten wir noch den New York Giants beim Feiern zusehen müssen. Jetzt war es anders. Ich umarmte jeden, der mir auf dem Spielfeld gerade in die Quere kam, so glücklich war ich in diesem Moment. Innerhalb von Sekunden herrschte im Konfettiregen auf dem Rasen totales Chaos. Hunderte Reporter wuselten herum, jeder wollte etwas von einem. Interviews hier, Fotos da. Ich selbst wollte einfach nur zu meiner Familie und vor allem zu meiner Verlobten, um diesen besonderen Moment mit ihr zu teilen. Es dauerte fast eine halbe Stunde, bis ich Lindsey endlich in der Menge gefunden hatte und in die Arme schließen konnte. »Wir haben es wirklich geschafft«, flüsterte ich ihr zu. Ein unvergesslicher Moment. Für uns beide. Denn ohne sie wäre all das nicht möglich gewesen. Hinter jedem erfolgreichen Mann in diesem Sport steht auch eine starke Frau. Sie muss sehr viel mitmachen und investieren. Und meine Geschichte zeigt: Der Weg zum Super-Bowl-Sieg kann sehr lang und steinig sein.

1 Vom Talent zum harten Arbeiter

Ich war in meinem Leben schon immer sportlich aktiv. Ein Draußen-Kind, das sich an der frischen Luft austobte. Meine erste Erfahrung mit organisiertem Sport machte ich als Kleinkind. Ich war damals mit meinen Eltern im Urlaub in Spanien und wollte unbedingt im Meer schwimmen gehen. Sie ließen mich aber nicht ins Wasser. »Solange du noch nicht richtig schwimmen kannst, darfst du auch nicht alleine ins Meer«, sagten sie. Ich muss damals etwa vier Jahre alt gewesen sein, doch schon in diesem Alter war jenes Verbot für mich der Anreiz zu sagen: »Ich will und muss unbedingt schwimmen lernen.« Also meldeten mich meine Eltern zu Hause in Neuss beim Schwimmverein an.

Ich fühlte mich dort sowohl sportlich als auch menschlich von der ersten Sekunde an unheimlich wohl. Außerdem wurde ich sehr schnell erfolgreich und gewann in meiner Altersklasse sämtliche Wettkämpfe. Als ich einmal »nur« Zweiter wurde, sagte der Vater eines Teamkollegen zu mir: »Siehst du, selbst an einem schlechten Tag holst du noch den zweiten Platz.« Wir hatten damals fünfmal die Woche Training. Und ich war schon als Teenager kein dünner Hering, sondern von der Statur her eher kräftig. Daher hatte ich eine natürliche Kraft in mir, die beim Schwimmen und später auch beim American Football sicherlich ein großer Vorteil für mich war.

Ich bin im Alter von etwa vier bis 14 Jahren geschwommen und war ein absoluter Sprinter. Die Kurz-Distanzen haben mir unheimlich gelegen. Zweimal im Jahr mussten wir aber auch die 1500 Meter schwimmen, und da sind vor allem die kleinen, eher dünnen

Schwimmer an mir vorbeigezogen. Ist ja auch kein Wunder, die hatten nicht so viel Masse mitzuschleppen wie ich. Ich hatte vor allem Power, wollte lieber einmal voll durchziehen als über eine lange Distanz zu schwimmen. Das war meine Spezialität. Ich habe an den Westdeutschen und den Deutschen Meisterschaften teilgenommen und habe in einer Gruppe mit dem späteren Weltklasseschwimmer Thomas Rupprath trainiert, der Jahre danach bei den Olympischen Spielen die Silber- und Bronzemedaille gewann. Ich wurde gefördert und gefordert. Meine Trainer haben in mir offenbar ein großes Talent gesehen. Ich war mittlerweile zwölf Jahre alt und schon mit Achtzehn- und Neunzehnjährigen geschwommen. Die Älteren waren natürlich schon viel besser als ich, aber ich sollte mich an ihnen orientieren, ihre Leistungen sollten ein Anreiz für mich sein.

Im Rückblick muss ich sagen, dass die Zeit beim Neusser Schwimmverein sehr prägend für mich war. Ich hatte nicht nur großen Spaß an diesem Sport, sondern wir hatten im Team auch eine super Kameradschaft und mit unter anderen Gisela Hug und Beata Jasyk super Coaches. Ich habe mir beim Schwimmen über all die Jahre sicherlich auch die Kraft geholt, die ich später beim American Football gebraucht und regelmäßig eingesetzt habe. Das Schwimmen war ein wichtiger Bestandteil meines Lebens.

Während meiner Schwimmkarriere habe ich nebenbei auch noch Fußball gespielt. Und zwar in Norf, einem kleinen Dorf in der Nähe von Neuss. Dort haben wir damals gewohnt. Ich war Libero, nicht ganz untalentiert, spielte aber gefühlt bereits in dieser Zeit American Football. Denn ich habe meine Gegenspieler einfach umgerannt und keinen an mir vorbeigelassen. Ich war damals schon größer und schwerer als alle anderen. Irgendwann sollte ich mich dann zwischen Schwimmen und Fußball entscheiden, denn beide Coaches wollten, dass ich mehr trainierte und mehr gefördert würde. Das ging aber nur, wenn ich mich voll und ganz auf eine Sportart konzentrieren würde. Ich sehe mich noch heute heulend bei meinen Eltern in der Küche sitzen, weil ich sowohl Schwimmen als auch Fußball liebte. Die Entscheidung fiel mir richtig schwer. Am Ende bin ich dann beim Schwimmen geblieben. Ich habe einfach geglaubt, in einer Einzelsportart auf Dauer erfolgreicher sein zu können, weil ich meine Karriere ja selbst bestimmen konnte und mein Schicksal somit in meiner eigenen Hand hielt. Später habe ich meine Meinung darüber geändert. Mit einer Mannschaft gemeinsam auf ein Ziel hinarbeiten – das war es, was ich eigentlich wollte. Denn es ist eines der schönsten Gefühle, gemeinsam als Team etwas zu gewinnen. Es dauerte jedoch einige Jahre, bis ich das verstanden hatte.

Ich habe das Schwimmen dann voll durchgezogen. Mein Vater war damals bei jedem Wettkampf dabei, und das Woche für Woche, jeden Samstag und Sonntag. Egal ob in Leipzig, Potsdam, Berlin, Köln, Wuppertal oder sogar in Kroatien. Ich habe zu Hause Hunderte Medaillen und Urkunden sowie Pokale ohne Ende. Als Kind war mir gar nicht klar, was für einen enormen Aufwand mein Sport für meine Eltern bedeutete. Ich hielt es damals für selbstverständlich. Aber jetzt, als Erwachsener, erkenne ich das als eine Hingabe, die ich sehr wertschätze. Es ist schon beeindruckend, was meine Eltern in dieser Phase an Zeit für mich investiert haben.

Ich habe damals in Berlin nach einem Wettkampf auf dem Ku'damm meinen ersten Döner gegessen. Das wurde dann bei uns zu Hause so ein bisschen zur Tradition. Jedes Mal, wenn ich eine neue Bestzeit geschwommen war, holte mir mein Vater zur Belohnung in Neuss einen Döner. Das war natürlich eine wunderbare Motivation für mich.

Doch trotz all des Erfolgs fand meine Schwimmkarriere dann ein sehr plötzliches Ende. Der Grund: Wir bekamen einen neuen Trainer und ich hatte von Anfang an mit seinen zum Teil harten Trainingsmethoden große Probleme. Vor allem mit seinem rauen Ton kam ich nur sehr schwer zurecht. Eines Tages eskalierte eine Auseinandersetzung zwischen uns, und ich sagte zu ihm, dass ich nie wieder zum Schwimmen kommen würde. Das wollte er mir nicht glauben, er erwiderte: »Und morgen bist du dann doch wieder hier in der Schwimmhalle.« Doch damit hatte sich mein Schwimmtrainer getäuscht, der Sport war für mich ab diesem Moment Geschichte. Ich kam nie mehr zurück.

Die Wettkämpfe haben mir damals Spaß gemacht, aber die täglichen Trainingseinheiten, in denen ich regelmäßig zwei Stunden lang mit meinen Gedanken alleine im Wasser war, haben mich genervt. Ich war damals 14 Jahre alt, alle meine Kumpels fingen an, gemeinsam Dinge zu unternehmen, und ich hing die ganze Woche in der Schwimmhalle rum. Ich muss rückblickend aber auch zugeben, dass ich zu dieser Zeit noch nicht begriffen hatte, dass sich harte Arbeit wirklich lohnt und auch notwendig ist. Vor allem, wenn du ganz nach oben kommen willst. Heute denke ich natürlich ganz anders über Arbeit und Training. Auch die rauen Umgangsformen meines damaligen Coaches würden mir heute nichts mehr ausmachen. Letztlich waren sie ein Witz gegen das, was ich mir in meiner Footballkarriere alles anhören musste. Das ging zum Teil schon richtig unter die Gürtellinie. Doch damals kam ich nach Hause, schmiss meine Schwimmsachen in die Ecke und meinte zu meiner Mutter: »Das war's.«

Wir sind dann mit der ganzen Familie nach Kaarst umgezogen und ich habe zwei Jahre lang überhaupt keinen Sport gemacht. Von fünfmal Schwimmtraining pro Woche plus unzähligen Wettkämpfe zu überhaupt keiner sportlichen Aktivität mehr. Dadurch habe ich natürlich körperlich zugelegt. Klar, du machst keinen Leistungs-

1 Vom Talent zum harten Arbeiter

sport mehr und isst einfach, was du willst. Das merkt man dann schnell. Ich war zu dieser Zeit auf dem Quirinus-Gymnasium in Neuss, mittlerweile 16 Jahre alt, und überlegte, für welche Sportart ich mich begeistern könnte. Eine Zeit lang fand ich es ganz nett, keinen Sport zu machen, aber irgendwann wollte ich dann doch wieder etwas anfangen. Ein Kumpel von mir spielte Basketball, aber dieses ewige Hin-und-her-Gerenne gefiel mir überhaupt nicht. Dann überlegte ich, wieder mit Fußball anzufangen. Aber dabei läuft man sicher nicht viel weniger. Auch mit Lacrosse habe ich geliebäugelt. Ich wusste zwar kaum etwas über diesen Sport, aber er faszinierte mich. Sicherlich auch ein Stück weit geprägt durch den damaligen Erfolgsfilm »American Pie«, in dem Lacrosse eine Rolle spielte.

Doch bevor ich mich nach einem Verein umsehen konnte, sprach mich ein Mitschüler an und fragte mich aus heiterem Himmel, ob ich es nicht mal mit American Football probieren wolle. Ich kannte den Schulkollegen kaum, wusste nur, dass er in die gleiche Klassenstufe ging wie ich. American Football war eine Sportart, die mir damals unbekannt war. Trotzdem dachte ich mir: Warum eigentlich nicht? Also ging ich zu einem Footballverein in der Nähe unseres Wohnortes. Ich wollte mir deren Training einfach mal anschauen. Allerdings war es Winter, und die Mannschaft absolvierte entsprechend nur Krafttraining und Laufeinheiten. Das Spiel selbst kam dabei so gut wie überhaupt nicht vor. Aber nicht nur deshalb gefiel es mir dort nicht. Der Trainer kam zu spät, die Spieler rauchten und es waren insgesamt höchstens 15 Leute im Training. Das war nichts für mich. Ich hatte persönlich andere, höhere Ansprüche und beschloss, mich in der Umgebung von Kaarst nach weiteren Möglichkeiten umzusehen.

Ich habe mich dann entschieden, nach Düsseldorf zu fahren, zum American-Football-Klub der Düsseldorfer Panther. Mit der Bahn hätte ich zwei Stunden gebraucht, aber meine Mutter und mein Vater brachten mich damals mit dem Auto dorthin, so dauerte es nur eine halbe Stunde. Ich kam an und hatte sofort ein gutes Gefühl. Das Training war draußen, auf der Sportanlage »Die kleine Kampfbahn«, neben der heutigen Merkur Spielarena, wo Fortuna Düsseldorf seine Heimspiele austrägt. Dort saß ich dann mit meiner dicken Winterjacke und schaute den Jungs beim Training zu. Die Sportanlage bestand aus einem Rasenplatz, um den herum eine große Laufbahn verlief. Es waren bestimmt 100 Leute da, die professionelle Übungen machten. Alle waren zwischen 15 und 19 Jahre alt. Also genau meine Altersklasse, denn ich selbst war gerade 16. Es war immer noch Winter, richtig kalt draußen, und trotzdem lieferte jeder Einzelne unglaublich ab. Alles wirkte von Anfang bis Ende super durchorganisiert. Ich war extrem fasziniert.

Nach dem Training unterhielt ich mich mit einem Verantwortlichen der Panther und erzählte ihm, dass ich mir zuvor das Training eines anderen Footballvereins angesehen hatte. Als ich ihm meine Eindrücke geschildert hatte, sagte er zu mir: »Willst du ein großer Fisch in einem kleinen See sein oder doch lieber ein kleiner Fisch in einem großen See?« Was er damit meinte, war, dass ich in dem anderen, kleineren Verein und dessen Liga wohl der beste Spieler hätte sein können. In Düsseldorf wäre ich seiner Meinung nach allerdings erst einmal ein Art Ergänzungsspieler. Der Klub hatte sehr gute Coaches in seinen Reihen und spielte in einer deutlich höheren Spielklasse. Dementsprechend war die Konkurrenz bei den Spielern deutlich größer als bei dem anderen Klub. Der Spruch des Trainers verfolgt mich bis heute. Ein bisschen ärgert er mich, vor allem aber motiviert er mich. Denn wieso soll mir jemand vorschreiben, wie gut ich sein soll oder kann? Jeder ist doch selbst dafür verantwortlich, sein gesamtes Potenzial auszuschöpfen. Wieso sollte ich also nicht auch bei den Düsseldorfer Panthern der Beste sein? Denn das war mein Anspruch und er ist es bis heute. Mein Ehrgeiz und Wille sind einfach zu groß. So war es beim Schwimmen und so sollte es auch beim American Football sein. Ganz nach dem Motto: Don't put a limit on what I can do!

Ich war überaus motiviert und wollte es allen beweisen. Also fing ich tatsächlich an, bei den Panthern American Football zu spielen. Sie waren damals schon am Ende der Vorbereitung auf die nächste Saison, sodass die Trainer mich erst einmal in die B-Jugend in eine Art Ersatzkader steckten. Noch bevor ich richtig loslegte, ging ich in die Neusser Bibliothek und lieh mir dort sämtliche Bücher über American Football aus, unter anderem das Buch »Football for Dummies«. Ich wollte vorbereitet sein. Denn auf meine Frage, welche Position ich spielen würde, hatte der Coach geantwortet: »Tackle«. Und bislang hatte ich keine Ahnung, was ein Tackle machte und was seine Aufgaben waren. Geschweige denn, was ein First Down war und was Third-and-Ten bedeutete. Ich las Tag und Nacht und war sehr schnell fasziniert von diesem Sport. Ich fuhr mit meinem Vater sogar in den nächsten Footballshop in die benachbarten Niederlande und kaufte mir dort völlig übermotiviert alles an Ausrüstung, was sie vorrätig hatten. Das war rückblickend natürlich völliger Quatsch. Als Footballer willst du dich so frei wie möglich bewegen können. Später als Profi hatte ich nur noch das Allernötigste an. Aber ich hatte damals eben noch keinen Plan von diesem Sport. Letztlich war das auch erst einmal nicht so wichtig. Ich war groß und stark, also hieß es immer: »Block die anderen.«

Ich weiß noch genau, wie ich zum ersten Mal zum Training der B-Jugend kam und die Leute um mich herum reihenweise umhaute. Das hat mir riesigen Spaß gemacht. Ich war allen anderen körperlich überlegen. Das waren 15-jährige Kinder und ich sah schon aus

21

wie ein 18-Jähriger. Es dauerte dann auch nicht lange, bis die Trainer mich in die A-Jugend holten. Typen mit meiner Statur und einer Größe von gut zwei Metern waren sehr selten zu finden. Meine Technik war natürlich noch nicht ausgereift, aber es reichte, um in der B-Jugend alle um mich herum abzuräumen. Das sahen natürlich auch die Trainer, und ich weiß noch, dass der damalige Head Coach der A-Jugend, Steffen Breuer, zu mir meinte: »Ich kann dich nicht sofort in die A-Jugend holen. Die anderen haben über sechs Monate dafür trainiert und geschuftet und du bist erst ein paar Tage hier und weißt eigentlich nichts über Football.« Aber nach knapp einem Monat durfte ich dann doch in der A-Jugend spielen.

Ich habe meinem damaligen A-Jugend-Coach sehr viel zu verdanken. Ein Wahnsinnstyp, der vielleicht erfolgreichste Jugendtrainer in Europa, der in seiner Karriere alles erreicht hat. Breuer ist eigentlich Rechtsanwalt von Beruf und hat American Football, wie alle anderen Coaches auch, ehrenamtlich betrieben und seine Freizeit den jungen Nachwuchstalenten gewidmet. Breuer hat viele Düsseldorfer Kinder von der Straße geholt und ihnen etwas gegeben, womit sie ihre Zeit produktiv nutzen konnten. Die Düsseldorfer Panther wären ohne Breuer nicht das, was sie damals waren und heute noch sind. Sein Einfluss auf mich war riesig.

In der A-Jugend war ich dann nicht mehr zu stoppen. Ich spielte alles, Offense, Defense, Special Teams, wo ich gerade gebraucht wurde. Sie entwickelten sogar Spielzüge für mich. Ich blühte in diesem Sport auf und wurde schon nach kurzer Zeit Kapitän des Teams. American Football wurde immer mehr zu meiner Leidenschaft. Sogar meine Freunde kamen zu einigen meiner Spiele und feuerten mich von der kleinen Tribüne aus an. Und das, obwohl American Football vor 20 Jahren noch lange nicht so populär war wie heute. Damals war es eine absolute Randsportart, die zumindest in Deutschland keiner wirklich ernst nahm. Ich und viele andere Footballer dagegen schon. Wir trainierten abends, also fuhr ich, wenn meine Mutter mich einmal nicht bringen konnte, mit der Bahn zwei Stunden nach Düsseldorf, zog mich auf dem Platz schnell um – und los ging's. Das war ganz schön aufwendig, aber wir hatten uns alle diesem Sport hingegeben. Manche meiner Mitspieler kamen sogar aus dem benachbarten Holland zum Training. Wir waren ein eingeschworener Haufen, ein richtig gutes Team.

Ich hatte damals eine Fahrgemeinschaft mit einem Mannschaftskollegen, der drohte, in die falsche Richtung abzudriften. Er wäre für mich, wie man salopp sagt, auf Dauer ein falscher Einfluss gewesen. Eines Abends nahm Breuer mich zur Seite und sagte zu mir: »Du bist ein Ferrari mit sieben Gängen. Aber wenn du mit den falschen Leuten verkehrst, fährst du die ganze Zeit nur im dritten oder vierten Gang.« An diese Sätze kann ich mich heute noch gut erinnern. Breuer hatte die Befürchtung, dass ich mein Potenzial nicht ganz ausschöpfen würde. Das war der Moment, in dem ich realisierte, dass Breuer und die Panther wirklich an mich glaubten. Das gab mir natürlich ein rundum gutes Gefühl.

Der Verein förderte mich in der Folgezeit enorm. Aber schon in meinem zweiten Jahr zog ich mir die erste große Verletzung meiner Karriere zu. Wir spielten zu Hause in Düsseldorf, ich war als Left Tackle aufgestellt und unser Center haute seinen Gegenspieler so heftig um, dass dieser zur Seite fiel und mir genau auf mein Standbein donnerte. Mit einem Schlag war das Bein gebrochen. Damals gab es noch keine Krankenwagen neben dem Spielfeld, also lag ich etwa 45 Minuten auf dem Rasen. Das Bein baumelte eine gefühlte Ewigkeit nur so herum, bis endlich ärztliche Hilfe kam. Dann ging es zügig ab in die Düsseldorfer Diakonie, wo es hieß, dass ich sofort operiert werden müsste.

Doch bevor es in den OP-Saal ging, kam es zu einer großen Diskussion mit dem zuständigen Arzt. Meine Eltern hatten mir kurz vor dieser Verletzung eine neue Footballhose gekauft und der Arzt wollte sie nun tatsächlich einfach aufschneiden, um mein Bein richtig zu untersuchen. Das wollte ich aber nicht. Der nächste Footballshop für diese speziellen Klamotten war in den Niederlanden. Eine neue Hose zu kaufen, wäre also ein riesiger Aufwand gewesen. Die Diskussion ging ewig hin und her. Der Arzt erklärte mich für verrückt und meinte immer wieder, dass er für so etwas jetzt nun wirklich keine Zeit hätte. Aber ich widersprach ihm, weil ich die Hose nach der OP weiter benutzen wollte. Ich bat ihn also, sie wenigstens an der Naht entlang aufzuschneiden, damit sie später wieder zusammengenäht werden konnte. Das hat er dann immerhin gemacht, und meine Mutter konnte die Hosen vor der nächsten Saison tatsächlich wieder zusammenflicken.

Damit aber nicht genug, denn ich trug außerdem neue Schuhe mit Neopren-Einsatz, extra fürs Footballspielen. Die hatte ich bei einem Geschäft in Darmstadt bestellt, die diese Schuhe wiederum extra aus den USA importierten. Schuhgröße 52 war damals eben nicht so leicht zu finden und ich habe diese Dinger wirklich geliebt. Jetzt wollte der Arzt nicht nur meine Hose, sondern auch die Schuhe aufschneiden. Ich dachte mir nur: Ist der denn verrückt? Auch das wollte ich unter allen Umständen vermeiden. Irgendwie gelang es mir, ihn zu überreden, die Schuhe heil zu lassen. Aber jedes Mal, wenn der Arzt versuchte, sie mir auszuziehen, klebte das Neopren an meinem Fuß fest. Es fühlte sich an, als ob er den gebrochenen Knochen mitziehen würde. Riesige Schmerzen waren das. Aber ich hatte Erfolg und konnte die Schuhe danach weiter benutzen – und zwar für den Rest meiner Karriere in Deutschland.

Ich wurde dann operiert und die Ärzte setzten mir eine lange Schraube zur Stabilisation des Knochens ein. Als ich aus der Narkose aufwach-

1 Vom Talent zum harten Arbeiter

te, stand eine Krankenschwester neben mir, die sich so nah über mein Gesicht beugte, dass ich vor Schreck mit meinen Armen herumfuchtelte und mich wehren wollte. Neben der Krankenschwester waren auch meine Eltern und Breuer in meinem Zimmer. Das hat mir wirklich viel bedeutet. Und es zeigte, wie viel meinem damaligen Head Coach seine Spieler wert waren. Am nächsten Tag kam sogar ein Großteil meiner Mannschaft zu Besuch und brachte mir Geschenke mit. Ein schönes Gefühl. Wir waren wie eine Familie. Ich lag eine Woche lang in der Klinik und wurde dabei fast verrückt. Mir war unglaublich langweilig und mein Zimmernachbar, ein älterer Herr, meckerte ununterbrochen herum und bestimmte das Fernsehprogramm. Für mich stand sehr schnell fest: Ich musste hier raus. Mein Vater sprach deshalb mit dem Chefarzt und sagte ihm, dass ich aus dem Krankenhaus entlassen werden wollte. Das wiederum wollte der Chefarzt aber nicht. Also unterschrieb mein Vater eine Erklärung, dass ich auf eigene Verantwortung gehen würde. So war das Krankenhaus rechtlich abgesichert und ich konnte endlich raus.

Ich fuhr dann mit Krücken direkt von der Klinik aus zu einem Spiel meiner Teamkollegen und verpasste danach kein einziges Training – wenn ich auch nur zuschauen konnte. Es war ja klar, dass ich in dieser Saison kein Spiel mehr würde absolvieren können. Aber ich hatte mittlerweile so große Liebe und Leidenschaft zu diesem Sport entwickelt, dass ich einfach dabei sein musste und nichts verpassen wollte. Und schließlich wusste ich, dass ich irgendwann zurückkommen würde. Dafür wollte ich optimal vorbereitet sein. Die reine Anwesenheit bei den Spielen meines Teams war wie eine Therapie für mich und eine wunderbare Abwechslung zur normalen Reha beim Physiotherapeuten.

Während meiner Zeit bei den Panthern gab es allerdings auch Enttäuschungen. Peter Springwald, der Head Coach der NRW-

Auswahl und gleichzeitig Cheftrainer der deutschen Nationalmannschaft, meldete sich nicht bei mir. Somit wurde ich auch nicht zur NRW-Auswahl eingeladen. Und das, obwohl ich Kapitän meiner Mannschaft war und regelmäßig richtig gute Leistungen ablieferte. Als ich wieder von den Krücken runter und gesundheitlich fast vollständig wiederhergestellt war, ergriff ich die Initiative und suchte das Gespräch mit Springwald. Ich fragte ihn, ob er denn kein Interesse an mir hätte. Seine Antwort überraschte mich, denn er meinte nur, dass die NRW-Auswahl für mich nicht infrage käme. Ich sollte lieber schauen, mich komplett von meinem Beinbruch zu erholen, um dann direkt in der Nationalmannschaft anzugreifen. Er bräuchte mich nämlich für die Europameisterschaft und wollte, dass ich dafür topfit sei und keine erneute Verletzung mehr riskierte. So kam es, dass ich im Jahr darauf mit der deutschen Football-Nationalmannschaft die EM in Schottland absolvierte und wir dort Vize-Europameister wurden.

Mit den Panthern gewannen wir in meiner Zeit zweimal hintereinander die deutsche Meisterschaft. 2002, kurz nach der EM, fing für mich dann langsam aber sicher auch der Recruiting-Prozess der NFL Europe an. In dieser Zeit tauchte Jeff Reinebold in meinem Leben auf. Ein Mann, dem ich – ähnlich wie Breuer – sehr viel zu verdanken habe und der mir später beim Übergang von Deutschland ins College in den USA eine unheimlich große Hilfe war. Mehr noch, ich bin der absoluten Überzeugung, dass Reinebold mir diesen Schritt überhaupt erst ermöglicht hat. Er gibt das bis heute nicht zu und würde dafür auch niemals Dankbarkeit von mir verlangen. Aber ich glaube, dass er mich damals sämtlichen College-Coaches empfohlen und mir damit die Tür nach Amerika geöffnet hat. Ich stehe bis heute mit ihm in Kontakt und bin ihm unendlich dankbar für alles, was er in der Vergangenheit für mich getan hat.

1 Vom Talent zum harten Arbeiter

Ich wurde damals zu einem Trainingslager für das Team Europe, eine europäische Auswahlmannschaft mit den besten Spielern des Kontinents, eingeladen. Dieses Team wurde von hervorragenden Coaches betreut und es gab Trainingslager in Spanien und anderen europäischen Ländern. Nach jedem Trainingslager wurde entschieden, wer in die nächste Runde kam und wer nicht. Es war ein bisschen wie bei »Deutschland sucht den Superstar«. Reinebold war damals der Offensive Coordinator des Team Europe. Außerdem sollte er für die NFL Europe eine Art Jugendprogramm entwerfen, damit Nachwuchstalente entsprechend gefördert würden. In diesem Zusammenhang erkannte Reinebold auch mein Talent. Er sagte mir, dass ich durchaus das Zeug für die NFL Europe oder auch für eine der College-Mannschaften hätte. In der NFL Europe anzufangen hätte bedeutet, Profi zu werden und somit nicht mehr ans College gehen zu können. Das waren damals die Regeln. Sobald du für deinen Sport bezahlt wirst, bist du Profi. Dann ist das College tabu.

Ich setzte mich im Team Europe durch und spielte mit der Mannschaft in der Woche vor dem Super Bowl 2003 in San Diego in einer Art Vorprogramm. Der Wettbewerb hieß damals Global Junior Championships. Wir spielten im Turniermodus an einer High School gegen Mexiko, Japan, die USA und Kanada. Für mich war es der erste Aufenthalt in den USA. Wir reisten bereits zwei Wochen vor dem Wettbewerb an und lebten und trainierten eine Woche lang auf einer Militärbasis. In der zweiten Woche wohnten wir dann bei einer Gastfamilie. Das war für mich ein Wahnsinnserlebnis. Meine Gastfamilie war sehr nett, nahm mich sehr herzlich auf und tat alles für mich. Der »American way of life« mit Eiern zum Frühstück und Surfen im Meer war absolut neu für mich, und er hat mich extrem begeistert. Obwohl ich damals nur sehr leidlich Englisch sprach.

Wir wurden in San Diego am Ende Dritter, hinter den USA und Kanada. Als wir wieder zurück in Deutschland waren, ging es für mich richtig los. Reinebold hatten meine Leistungen in den USA sehr gefallen. Er versuchte jetzt alles in seiner Macht Stehende, um seine Freunde in Amerika davon zu überzeugen, nach Deutschland zu kommen und mich spielen zu sehen. Er war nicht nur Offensive Coordinator des Team Europe, sondern coachte auch schon am College. Reinebold war sich sicher, dass ich ein Stipendium bekommen und somit kostenlos in den USA studieren und Football spielen könnte. Für mich als 18-Jährigen war das damals ein utopischer Gedanke. Ich nahm diese Chance zwar ernst, allerdings erschien mir ein Wechsel in die USA nicht wirklich realistisch und umsetzbar zu sein.

Doch dann war ich eines Tages in der Düsseldorfer Altstadt unterwegs und mein Handy klingelte. Am anderen Ende: Jeff Reinebold. Er erzählte mir irgendwas von Stipendium, aber ich verstand aufgrund meiner schlechten Englischkenntnisse nur die Hälfte. Dann meinte er, er komme zu mir nach Hause und bringe Patrick Esume, einen der damaligen Coaches im Team Europe, als Dolmetscher mit. Einige Tage später saßen die beiden also bei meinen Eltern im Wohnzimmer und Reinebold erklärte uns allen, dass ich die ernsthafte Chance hätte, ein Stipendium fürs College zu bekommen oder Profi in der NFL Europe zu werden. Er sagte, er würde das College bevorzugen und erläuterte uns, wie der genaue Ablauf wäre. Mehr aber auch noch nicht. Es war letztlich eine Art Informationsabend, ohne dass bereits eine Entscheidung gefallen wäre.

Allerdings fing es bei mir im Kopf schon an zu rattern. Was sollte ich jetzt machen? Ein Umzug in die USA erschien mir immer noch unrealistisch, das konnte ich mir einfach nicht vorstellen. Ich sah mich selbst eher als BWL-Student in Köln. Aber Football und

1 Vom Talent zum harten Arbeiter

Studieren in Amerika? Daran glaubte ich nicht. Doch dann kam das Saisonfinale 2003. Wir spielten an einem Sonntag mit den Panthern in Schwäbisch Hall gegen die Darmstadt Diamonds um die deutsche Meisterschaft. In der Nacht von Freitag auf Samstag hatte ich auf meinem Abi-Ball die komplette Nacht feuchtfröhlich durchgefeiert. Entsprechend angeschlagen kam ich auch einen Tag später in Schwäbisch Hall an.

Es hatte um die 30 Grad, die Sonne knallte vom Himmel und ich fühlte mich körperlich gelinde gesagt eher durchschnittlich. Da kam ein damaliger NFL-Europe-Coach zu mir und meinte: »Es sind ein paar Leute für dich da. Scouts aus dem College. Wenn ich du wäre, würde ich heute also ein gutes Spiel machen.« Na prima. Dafür war die durchzechte Nacht einen Tag zuvor sicherlich nicht gerade förderlich gewesen. Ich merkte, dass ich körperlich definitiv nicht bei 100 Prozent war. Aber egal. Da musste ich jetzt durch. Ich war damals 18 Jahre alt und spielte bei den Panthern die beiden Positionen Offensive Tackle und Defensive End. Mein direkter Gegenspieler aus Darmstadt war vielleicht 15 Jahre alt und halb so groß wie ich. Ich konnte mit ihm also machen, was ich wollte, und hatte zum Schluss als Defensive End mindestens 30 Tackles auf dem Konto. Das resultierte auch daraus, dass Darmstadt den Ball nur einmal im ganzen Spiel warf und sonst auf Laufspiele setzte. Zum Teil versuchten sie mich sogar mit drei Spielern zu blocken, aber diese Versuche waren meistens vergeblich. Das Spiel lief also trotz meines körperlichen Zustands richtig gut für mich. Allerdings hatte ich im vierten Viertel des Spiels schwere Krämpfe und musste am Spielfeldrand gedehnt und massiert werden.

Als ich da so lag, kam Thomas McGaughey, einer der damaligen Coaches der University of Houston. Er begann, ununterbrochen auf mich einzureden. Ich verstand in diesem Moment allerdings kein einziges Wort. Ich war total überfordert und wusste ja auch noch nicht einmal, wer dieser Kerl überhaupt war. Am Ende drückte er mir seine Karte in die Hand. Ich dachte mir nicht viel dabei, bis jemand aus meinem Team zu mir kam und fragte, ob ich gerade ein Stipendium angeboten bekommen hätte. Ich konnte darauf überhaupt gar keine Antwort geben, denn ich hatte diesen Mann ja nicht wirklich verstanden. Aber möglich war es natürlich. Nach McGaughey kamen an diesem Tag noch zehn weitere Coaches auf mich zu und gaben mir ihre Visitenkarten – aus New Hampshire, Indiana, Michigan, Louisiana und von ein paar anderen Universitäten in den USA. Ein angenehmes Gefühl. Zudem hatten wir gerade in Schwäbisch Hall auch die Deutsche Meisterschaft gewonnen. Ein Tag, an dem gefühlt alles passte. Trotz meines desolaten körperlichen Zustands.

Nach dem Erfolg mit den Panthern gegen Darmstadt machte ich erst einmal Zivildienst. Denn ich wollte zum einen weiter trainieren und zum anderen darüber nachdenken, wie es für mich weitergehen könnte. Ich bin kein Mensch, der Entscheidungen sofort und aus dem Bauch heraus trifft. Ich brauche immer Zeit, um alles zu analysieren. Ein Umzug in die USA war ein großer Schritt, vor allem mit meinen gerade einmal 19 Jahren. Ich prüfte dann gemeinsam mit meinen Eltern sämtliche Angebote der verschiedenen Colleges und entschied mich letztlich tatsächlich für Houston. Auch wegen Coach McGaughey. Obwohl wir mehr oder weniger aneinander vorbeigeredet hatten, war er sehr freundlich zu mir gewesen, sehr hilfsbereit und unglaublich sympathisch. Ein super Typ, dem ich ähnlich wie Breuer und Reinebold rückblickend sehr viel zu verdanken habe.

Während meiner Zivi-Zeit hatte ich das Offseason-Training bei den Panthern ein wenig schleifen lassen. Ich war unterfordert, hät-

1 Vom Talent zum harten Arbeiter

te auch ohne Training gute Leistungen abgeliefert. Freitagabends wurde in Düsseldorf am anderen Ende der Stadt Krafttraining gemacht. Ich sagte diese Einheiten immer mal wieder kurzfristig ab. Breuer war davon natürlich wenig begeistert. Zumal es während meiner Abi-Zeit schon einmal eine Situation gegeben hatte, die er immer noch eher kritisch sah. Wir sollten ein Freundschaftsspiel in Paris spielen und ich sagte ihm, dass ich nicht mitfahren würde. Ich wollte mich gewissenhaft auf mein Abitur vorbereiten. Breuer sagte mir daraufhin, dass er mich die Hälfte der Saison auf die Bank setzen würde, wenn ich nicht mit nach Frankreich käme. Und als Kapitän würde er mich auch absetzen. Am Ende flog ich doch nach Frankreich. Das Team fuhr mit dem Bus. Aber ich hatte am Tag vor der Abreise einen kleinen Autounfall, bei dem ich mir den Finger verletzte, und ich entschied mich deshalb fürs Flugzeug. Ich lief trotz der Fingerverletzung auf, reiste aber direkt nach dem Spiel auf eigene Kosten wieder zurück nach Düsseldorf. Es war nicht so, dass ich keine Lust gehabt hatte. Ich wollte einfach nur für meine Prüfung lernen.

Breuer kam danach auf mich zu und meinte, er wisse, dass ich in der A-Jugend der Panther – die in der Jugendliga der German Football League spielten – unterfordert war und ich eigentlich mit den Männern spielen müsste. Aber ich sollte ihm noch ein Jahr Zeit mit mir geben – das würde ich nicht bereuen. Seine Worte waren tatsächlich ein Ansporn für mich, nochmal richtig Gas zu geben. Ich habe es genau in dieser Zeit während des Zivildienstes ins Team Europe geschafft und mir wurde das Stipendium angeboten. Es hatte sich also wirklich gelohnt. Ich schaffte den Sprung vom reinen Talent zum harten Arbeiter.

Es war nun also klar, dass mich mein Weg nach Houston führen würde. Aber da ich in Köln zum Studiengang BWL zugelassen worden war, redete ich mir und allen um mich herum immer wieder ein, dass ich am Anfang des Studiums ein Auslandssemester machen würde, um ein bisschen besser Englisch zu lernen, und danach wieder nach Deutschland zurückkäme. So machte ich es dann zunächst auch. Während der sogenannten Summer School, wenn die US-Amerikaner Extra-Semester hatten und nebenbei weiter trainierten, packte ich meine zwei Koffer und reiste wieder nach Hause zu meinen Eltern. Doch tief in mir drin gab es eine Stimme, die mir sagte, dass ich in den USA bleiben sollte und mir das permanente Leben dort sicherlich sehr gut gefallen würde. Diese Stimme wurde immer lauter und ich stemmte mich mit aller Macht gegen sie. Das klingt sicherlich unverständlich, war aber tatsächlich so. Ich tat alles dafür, dass es mit dem College nicht klappt: Verpasste meinen Termin für das USA-Visum und buchte meine Flüge nicht selbst, sondern wartete darauf, dass es das College vielleicht für mich machen würde. Ich ließ alles schleifen. Sicherlich auch ein bisschen aus Angst. Ich betrieb in dieser Zeit letztlich Selbstsabotage.

Irgendwann entschied ich mich doch noch dafür, nach Houston zu fliegen. Auch dank einer Postkarte meines damaligen Mentoren Steffen Breuer, die mich zum Nach- und letztendlich auch zum Umdenken brachte. Auf dieser Karte war ein Schiff abgebildet, das im Hafen vor Anker lag. Darüber stand: »Ein Schiff im Hafen ist sicher, doch dafür werden Schiffe nicht gebaut.« Breuer wollte mich mit seiner Postkarte dazu ermutigen, den sicheren Heimathafen in Neuss zu verlassen und aufs offene Meer hinauszufahren, in die USA. Ich bin Breuer bis heute für diese Geste dankbar. Er hat mir in meiner Karriere immer mit Rat und Tat zur Seite gestanden und trägt einen großen Anteil daran, dass ich mich damals für Amerika entschieden habe. Diese für mich besondere Postkarte habe ich heute noch.

1 Vom Talent zum harten Arbeiter

Das Visum war also beantragt, die Flüge waren gebucht, die Koffer gepackt. Die innere Stimme hatte gesiegt. Mit ein wenig Unterstützung von außen. Allerdings begann dann für mich auch eine innere Achterbahnfahrt. Zwei Mal standen wir am Frankfurter Flughafen und zwei Mal fiel mein Flug aus. Und ich war sowieso schon so unsicher. Ich wusste einfach immer noch nicht so recht, ob ich das Richtige machte. Am Abend vor dem schon dritten Versuch und der dann endgültigen Abreise saß ich in meinem Zimmer und hatte das Gefühl, mir fiele der Himmel auf den Kopf. Ich hatte eine kleine Panikattacke und heulte hemmungslos. Mir wurde auf einmal bewusst, dass sich mein Leben radikal verändern würde. Meine Eltern bekamen es mit und setzten sich zu mir. Ich schüttete ihnen mein Herz aus, zum ersten Mal in dieser gesamten Zeit. Denn ich bin eher ein introvertierter Mensch und mache solche Sachen gerne mit mir alleine aus. Und Schwäche gebe ich sowieso nur ungerne zu, das ist sicherlich ein kleiner Makel von mir. Aber meine Eltern ermutigten mich in dieser Nacht immer wieder und halfen mir so, die richtige Entscheidung zu treffen und durchzuziehen.

Mein Vater ging dann an den Computer und suchte Flugrouten von Houston zurück nach Düsseldorf raus. Für den Fall, dass ich ein paar Stunden dort sein und es mir nicht gefallen würde. Meine Eltern meinten, dass sie mir die sofortige Rückreise bezahlen und mich nicht im Stich lassen würden. Die beiden waren immer für mich da und hätten mir alles ermöglicht. Aber sie meinten, ich solle es wenigstens mal versuchen. Mein Vater gab mir für Notfälle seine Kreditkarte und einige Traveller Checks mit. Mit diesem Plan B im Rücken nahm ich also all meinen Mut zusammen und setzte mich in den Flieger nach Houston. Mein neues Leben konnte beginnen. Dank der großartigen Unterstützung meiner Eltern.

2 Der steinige Weg zum Draft 2009

Die Anreise in meine neue Heimat Houston im US-Bundesstaat Texas verlief holprig. Ich hatte beim Zwischenstopp in Dallas meinen Anschlussflug verpasst und rief mithilfe der Kreditkarte meines Vaters panisch zu Hause an. Ich wusste in diesem Moment einfach nicht weiter. Meine Eltern sagten mir ein paar Jahre später, dass diese vielleicht zwei Minuten Telefongespräch rund 50 Euro gekostet hätten. Das meinten sie natürlich nicht böse, denn sie am Telefon gesprochen zu haben hat mir letztlich sehr geholfen. Ich fand danach einen alternativen Flug und bin sicher in Houston gelandet. Und dort stand ich nun am Gepäckband.

Als ich endlich all meine Koffer zusammenhatte, kam auf einmal ein Mann schnellen Schrittes auf mich zugelaufen. Ich konnte ihn in diesem Moment nicht richtig zuordnen und war etwas verunsichert. Er meinte nur kurz und knapp: »Komm mit mir.« Ich dachte mir, dass das ja eigentlich nur Thomas McGaughey sein konnte. Aber wirklich sicher war ich mir nicht. Denn ich hatte ihn zuvor nur einmal für fünf Minuten gesehen, damals am Spielfeldrand, als wir in Schwäbisch Hall gegen Darmstadt um die Deutsche Meisterschaft gespielt hatten. Das war zu jenem Zeitpunkt aber schon wieder zwei Jahre her gewesen. Am Ende setzte ich mich trotz aller Restzweifel zu ihm ins Auto und los ging's. Zum Glück hatte mich mein Gefühl nicht getäuscht. Es war tatsächlich Coach McGaughey, der mich in Houston vom Flughafen abholte. Ein bisschen mulmig war mir in der gesamten Situation aber trotzdem zumute.

Vom Flughafen fuhren wir erst einmal zu Denny's, einer US-amerikanischen Restaurant-Kette. Dort machte ich Bekanntschaft mit amerikanischen Sitten und Gebräuchen. Der Kellner füllte mir immer wieder mein Wasserglas neu auf. Da ich damals aber noch nicht wusste, dass das in Amerika normal und vor allem kostenlos ist, habe ich irgendwann nichts mehr getrunken, damit der Kellner mein Glas nicht mehr auffüllte. Ich hatte die Befürchtung, dass ich für jedes Glas Wasser wie in Deutschland zwei, drei Euro bezahlen müsste. Ich war übermüdet, überfordert, hatte nach wie vor Probleme mit der Sprache und war letztlich mit einem für mich wildfremden Menschen unterwegs.

Wir fuhren dann weiter zu Coach McGaughey nach Hause. Er lebte in einer Stadt namens Sugar Land, etwa 30 Minuten Autofahrt von Houston entfernt. Es war schon relativ spät und ich legte mich in seinem Gästezimmer ins Bett. Im Fernseher lief NFL Network, ich schlief aber sofort ein. Keine vier Stunden später wurde ich schon wieder geweckt. Es war noch sehr früh am Morgen, so gegen 5 Uhr. Aber als Coach musste McGaughey natürlich sehr früh im Trainingszentrum der Houston Cougars, so heißt das Footballteam der University of Houston, sein. Auf dem Weg dorthin hielten wir kurz an einer Tankstelle, damit sich McGaughey ein paar Energy Drinks holen konnte, um wach zu werden. Das ist typisch für Coaches. Sie schlafen gefühlt nie, arbeiten den ganzen Tag und trinken nur koffeinhaltige Getränke. Nachdem er versorgt war, ging es weiter. Das Abenteuer College konnte also beginnen.

McGaughey ging mit mir durch die Räume des Trainingszentrums der Cougars und stellte mich allen vor. Am Ende lernte ich den damaligen Head Coach kennen, Art Briles. Bei dieser ersten

2 Der steinige Weg zum Draft 2009

Begegnung kam es zu einer etwas missverständlichen, aber auch lustigen Situation. Briles redete ununterbrochen auf mich ein, ich verstand aufgrund meiner mangelnden englischen Sprachbegabung und seines texanischen Slangs aber wieder einmal maximal die Hälfte und antwortete ihm immer wieder mit einem lockeren »Yeah«. Und der Head Coach erwiderte jedes »Yeah« von mir mit einem lauten »Yes, Sir« seinerseits. Ich habe erst einmal nicht verstanden, warum er das tat. Doch dann wurde es mir relativ schnell klar: Im Süden der USA sagt man immer »Yes, Sir« oder »No, Ma'am«. Das ist eine Form des Respekts und ich mache das seit diesem Erlebnis sogar heute noch so. Damals wusste ich das aber noch nicht. Für Briles war das letztlich kein Problem. Er grinste nur verschmitzt und meinte, dass wir noch viel Arbeit vor uns hätten – und wie recht er damit hatte.

Ich bin im College vor meiner Ankunft als 150-Kilogramm-Mann angepriesen worden. Sie schrieben sogar einen Artikel über mich in der Uni-Zeitung »The Daily Cougar«. So nach dem Motto: der neue Left Tackle, das Monster. Die Wahrheit war aber, dass ich zwar über zwei Meter groß, aber für einen Footballspieler nach US-amerikanischen Maßstäben ziemlich dürr und schmächtig war. Das hat die Coaches der Cougars sichtlich überrascht. Mir ist Jahre später einmal erzählt worden, dass einer der Verantwortlichen der University of Houston, der sich um die Vergabe der Stipendien kümmerte, sogar gesagt haben soll, dass sie mit mir ein Stipendium verschwendet hätten. Doch Leute wie Coach McGaughey haben damals ihre Hand für mich ins Feuer gelegt und meinen Kritikern in Texas entgegnet, dass aus mir etwas werden würde. Ich bräuchte einfach nur Zeit, müsste körperlich noch stärker und breiter werden, mich technisch verbessern und vor allem das Spielsystem der Cougars kennenlernen und verstehen. Dann würde alles funktionieren.

Am Ende hatten sie wirklich recht. Ich wollte McGaughey und Co. dieses Vertrauen zurückzahlen. Denn letztlich haben sie ihre Karrieren für mich aufs Spiel gesetzt, weil sie an mich geglaubt haben. Ein tolles Gefühl, aber natürlich auch eine Verpflichtung.

Dann kam meine erste Trainingseinheit bei den Cougars. Ich konnte trotz meiner für ihre Verhältnisse schmächtigen Statur – ich wog damals 115 Kilogramm – gleich am ersten Tag einen meiner Teamkollegen richtig umhauen. Doch nur einen Tag und ein Training später lag ich dann auf dem Rücken. Das war schon ein deutlicher Unterschied zu den Einheiten bei den Düsseldorfer Panthern. In Houston habe ich auf einmal mit richtigen Männern, mit 140 Kilogramm schweren Jungs trainiert. Da ging mir das Training nicht mehr so einfach von der Hand. Vor allem meine erste Kraft- und Konditionseinheit bei den Cougars war sehr frustrierend. Ich musste mich mehrfach übergeben, weil das Training so anstrengend und ich sehr schnell erschöpft war. Das war mir damals unendlich peinlich, gleichzeitig aber ein enormer Ansporn, noch mehr und noch härter zu trainieren. Im College ging es ganz schön zur Sache. Aber durch diesen neuen, harten Konkurrenzkampf und die intensiven Trainingseinheiten wurde ich immer besser. Das merkte ich von Tag zu Tag.

Aber nicht nur die neue sportliche Situation, sondern auch meine neuen Lebensumstände in den USA machte mir am Anfang sehr zu schaffen. Coach McGaughey brachte mich zu einem Appartement im sogenannten Cougar-Place, direkt an der University of Houston. Ein Ort mit wenig Wohlfühlfaktor. Überall gab es Kakerlaken und das Badezimmer musste ich mir mit meinem Nachbarn teilen. Das Zimmer war winzig, mit einem Bett und einem kleinen Tisch drin. Mehr nicht. Das Gebiet, in dem ich wohnte, hieß Third Ward und war früher mal ein absolutes Elite-Viertel gewesen. Doch

2 Der steinige Weg zum Draft 2009

jetzt war es das krasse Gegenteil und galt als Ghetto von Houston. Beim Training hörten wir manchmal sogar Schüsse. Ich hatte damals noch kein eigenes Auto und erledigte gezwungenermaßen alles zu Fuß. Zum Unverständnis meiner Teamkollegen. Die konnten es überhaupt nicht nachvollziehen, dass ich manchmal zum Bus lief oder zu Fuß einkaufen war. Zum Teil auch mitten in der Nacht. Ich war da sicherlich auch ein Stück weit blauäugig. Denn die Kriminalitätsrate in diesem Viertel war damals tatsächlich enorm hoch. Meine persönliche Erfahrung in meiner Zeit im Cougar-Place war allerdings gut, alle dort waren sehr freundlich zu mir und mir ist nie etwas passiert. Das lag vielleicht auch daran, dass dort noch viele andere Athleten wohnten.

Da ich das Leben in den USA noch nicht kannte und den Alltag in diesem für mich neuen Land erst einmal erlernen musste, war ich vor allem zu Beginn ständig damit beschäftigt, Missverständnisse zu vermeiden. Was mir nicht immer gelang. Ich erinnere mich, dass ich mir am Anfang in Houston einmal Spaghetti mit Tomatensoße machen wollte. Also stand ich im Supermarkt und entschied mich für eine der vielen roten Soßen im Regal. Wieder zu Hause, kochte mir also Nudeln, haute die Soße drauf und fing an zu essen. Doch auf einmal begann ich heftig zu schwitzen und in meinem Mund brannte es wie Feuer. Ich nahm die Verpackung zur Hand und sah, dass ich Hot Sauce gekauft hatte. Mir war damals nicht wirklich klar, was Hot Sauce ist. Heute weiß ich, dass man das eigentlich als scharfen Dip für Nachos oder Tacos benutzt und nicht als Soße für Pasta. Das waren die Kleinigkeiten, die ich erst einmal lernen musste. Auch, dass die Preise in den USA ohne Steuern ausgelobt sind. Ich stand also jedes Mal an der Kasse und musste statt 2,99 Dollar, wie es auf der Verpackung stand, 3,19 Dollar bezahlen. Das war für mich unverständlich. Ich dachte, na sowas, berechnen die sich im

Supermarkt selbst Trinkgeld? Später habe ich dann herausgefunden, dass es die US-amerikanischen Taxes sind, die bei jedem Einkauf zusätzlich anfallen.

Außerdem war ich mit nur zwei Koffern in Houston angekommen, und die waren nur voll mit Klamotten gewesen. Ich hatte keine Bettdecke, kein Kopfkissen, keinen Kühlschrank, keine Gläser und kein Besteck. Also quasi nichts von dem, was man zum Leben brauchte. Mein Appartement war leer. Doch zum Glück hatte die University of Houston eine Schwimmabteilung, an der es viele ausländische Athleten wie mich gab, unter anderem aus Deutschland, Ungarn und Polen. Sie haben mir alle unglaublich geholfen und mich auch mit den fehlenden Alltagsgegenständen ausgestattet, einem Kopfkissen, Decken, Handtüchern, Geschirr und Besteck. Jetzt konnte ich endlich meinen Alltag abseits des Sports bestreiten – auch das Studium ging ich an. Ich habe in Houston am Ende zwei Abschlüsse gemacht – den ersten in Kommunikationswissenschaften und den zweiten in Volkswirtschaft, letzteren sogar mit Auszeichnung.

Nach etwa sechs Monaten in den USA habe ich zum ersten Mal auf Englisch geträumt. Das war für mich ein gutes Zeichen. Ich war zwar nach wie vor sprachlich nicht perfekt, wusste ab diesem Zeitpunkt aber, dass ich wenigstens kommunizieren und mir zur Not bei Subway ein Sandwich bestellen konnte. Das gab mir ein gutes Gefühl. Zumal, da ich mich in diesem Land integrieren wollte. Ich wollte nicht nur die Sprache perfekt beherrschen, sondern auch mit meinem Verhalten zeigen, dass ich dazugehöre. Deswegen habe ich mich oft nur mit Einheimischen umgeben und sie hier und da gebeten, eine oder zwei Stunden bei ihnen vorbeikommen zu können, um Englisch mit ihnen zu sprechen. Ich war im Erlernen der Sprache extrem motiviert und ehrgeizig. Wie im Sport. Denn auch beim

2 Der steinige Weg zum Draft 2009

American Football lautete mein Motto: Es ist okay, einen Fehler zu machen – aber es ist nicht okay, ihn zweimal zu machen. Ich mag es einfach nicht, etwas nicht zu können. Wenn das so ist, muss ich es ändern. Damals und auch heute noch wollte ich meine Zeit nicht verschwenden. Ich setzte mir deshalb immer wieder kleine Ziele, behielt das ganz große dabei aber immer im Hinterkopf. Man muss Wege entwickeln, um an das ganz große Ziel zu gelangen. Bei mir geht es über einzelne Etappen. Damit bin ich in meinem Leben immer sehr gut gefahren. Die Prioritäten richten sich dann automatisch danach. Ein Beispiel: Wenn ich Footballprofi in den USA werden will, ist Partymachen wohl eher ganz unten auf der Liste, perfekt Englisch lernen als Basis dafür aber ganz oben.

Von meinem ersten Appartement aus bin ich dann in ein Haus umgezogen, das etwa 20 Minuten von der Universität entfernt war. Ich lebte dort mit zehn Leuten zusammen unter einem Dach. Es war eine Zeit, in der ich den amerikanischen Lebensstil noch einmal richtig kennenlernte. In unserem riesigen Haus stand die Tür immer offen. Jeden Tag waren bei uns mindestens fünf bis zehn Leute zu Gast und an den Wochenenden gab es Partys, zu denen gut und gerne auch mal über 100 Leute kamen. Wenn ich ab und an auch dabei war, empfand ich es als eine gute Art, das Leben zu genießen.

Während dieser Zeit habe ich auch meine heutige Frau Lindsey kennengelernt. Das Kennenlernen lief eher schleppend. Denn da ich immer noch mit der englischen Sprache zu kämpfen hatte, konnten wir uns zuerst nur sehr gebrochen verständigen. Aber Gott sei Dank machte ihr das nichts aus. Ich begann, ihr SMS zu schreiben, damit ich zur Not im Wörterbuch nachschauen konnte, was sie von mir wollte und ich mich selbst korrigieren konnte. Damals gab es aber noch keine SMS-Flatrate und jede Kurznachricht kostete

50 Cent. Lindsey wollte also lieber mit mir telefonieren, denn sie hatte Freiminuten. Die Folge war, dass ich bei Anrufen nie abnahm und sie wiederum nur selten auf SMS antwortete, weil die eben so teuer waren. Ganz nach dem Motto: Der Blödmann kostet mich jedes Mal 50 Cent, weil er nicht mit mir telefonieren will. So ging das eine Weile hin und her, doch zum Glück wurde es mit der Zeit sprachlich bei mir immer besser.

Als Student hatte ich damals natürlich nicht viel Geld und so kam es, dass Lindsey und ich uns an unserem ersten Date ein Essen teilen mussten. Mehr konnte ich mir nicht leisten. Lindsey war damals neben dem Studium schon voll berufstätig und arbeitete als Verkäuferin in einem Modegeschäft. Aber zu unserem ersten Date bestand ich einfach darauf, sie einzuladen. Das war alles sicherlich nicht klassisch romantisch. Zumal sie mich zu diesem Treffen auch noch mit ihrem Auto abholen musste, da ich selbst keines hatte. Aber ich denke, dass genau dieses Studentenleben auch seinen Charme hat. Mir hat es rückblickend auch wirklich Spaß gemacht. Jeder auf dem Campus hatte die gleichen Probleme, jeder musste sehen, wie er zurechtkam. Zur Not gab es halt jeden Tag Nudeln zum Essen, weil man sich nichts anderes leisten konnte.

Lindsey hatte einen riesigen Anteil daran, dass ich mich so gut in den USA eingelebt, Englisch gelernt und am Ende meiner Collegezeit auch noch zwei Abschlüsse gemacht habe. Sie hat mich an die Hand genommen und mir das Leben in Amerika gezeigt. Nachdem unser großes Haus leider einem Brand zum Opfer gefallen war – ich war an diesem Abend Gott sei Dank nicht zu Hause und weiß bis heute auch nicht, wie es zu dem Brand gekommen war, – bin ich sehr schnell mit ihr zusammengezogen. Lindsey war mit ihrem Verhalten und ihrer Hilfe sicherlich eine wichtige Grundlage für meine spätere, erfolgreiche Footballkarriere.

2 Der steinige Weg zum Draft 2009

Im College waren wir gezwungen, neben den sportlichen auch gute schulische Leistungen abzuliefern. Es hieß in der Uni nicht umsonst »Student Athlete«. Der Student zuerst, danach kommt der Athlet. Das sahen die Footballcoaches natürlich ein bisschen anders. Denen war es letztlich egal, ob du als Spieler am Ende auch einen Abschluss hattest. Die wollten Leistung auf dem Rasen sehen. Allerdings musste man schon einen ordentlichen Durchschnitt in seinen Collegefächern haben, sonst hätte einen die NCAA, die Vereinigung der Collegesportler, möglicherweise vom Sport ausgeschlossen. Ich kenne viele gute Athleten, die wegen ihrer schlechten schulischen Leistungen gesperrt wurden. Ich musste also einen guten Mittelweg finden, um Universität und Sport miteinander in Einklang zu bringen. Da war mächtig Druck dahinter, auch wenn wir hier nicht von einem Harvard-Standard sprechen. Ab und zu mal den Unterricht zu schwänzen war nicht drin, man musste schon alle seine Seminare bestehen. Sonst ging auch auf dem Rasen nichts. Die NCAA kannte da im Zweifel wirklich keine Gnade.

Am College spielten wir samstags und sonntags folgten dann das gemeinsame Auslaufen sowie die ausführliche Videoanalyse. Unter der Woche waren wir alle vormittags in der Uni und nachmittags ging es raus auf den Rasen. Pro Woche dürften es durchschnittlich 20 Stunden Footballtraining gewesen sein, also rund vier Stunden pro Tag. Noch mehr wäre nicht drin gewesen. An einem normalen Tag hatten wir morgens von 7 bis 8 Uhr ein Footballmeeting, von 8 bis 14 Uhr Uni und dann von 14 bis 18 Uhr Training. Anschließend ging es nach Hause, oft waren noch Aufgaben aus der Uni zu erledigen, und am nächsten Tag startete der Ablauf wieder von vorne.

Im College darf man insgesamt vier Jahre Football spielen, wobei man als Freshman das erste Jahr als sogenanntes Redshirt absolvieren kann. Dieses Jahr wird dann nicht angerechnet. Man darf zwar mittrainieren und auch sonst alles machen, nur eben in keinem Spiel eingesetzt werden. So kommt man am Ende auf insgesamt fünf Jahre College-Football. Ich habe mich genau dafür entschieden: In meinem ersten Jahr bei den Houston Cougars war ich ein Redshirt. Für meine sportliche Entwicklung war diese Entscheidung genau die richtige. Denn ich war im Gegensatz zu einem Großteil meiner Teamkollegen nach wie vor relativ schmal und musste auf dem Rasen noch sehr viel lernen. Da hat mir dieses eine Lehrjahr sehr gut getan. Ich habe von den Coaches in dieser Zeit immer wieder Hausaufgaben bekommen – damit ich endlich Gewicht zulegen würde. Sie brauchten mich deutlich kräftiger, als ich es damals war. Vor dem Schlafen gehen sollte ich also ab sofort jeden Tag zwei Budweiser trinken und zwei Sandwiches mit Erdnussbutter und Marmelade essen. Doch damit nicht genug. Auch wenn ich als Redshirt in meinem ersten Jahr noch nicht spielberechtigt war, luden sie mich trotzdem jeden Freitagabend vor den Heimspielen am Samstag ins Teamhotel ein, damit ich am Büffet so richtig zuschlagen konnte. Fried Chicken, Hamburger, Pommes, Spaghetti, was es eben so alles gab. Ich sollte so viel essen, wie ich konnte. Das habe ich natürlich auch gemacht. Denn den Rest der Woche fiel meine Selbstverpflegung im heimischen Appartement nicht besonders üppig aus.

Ein guter Nebeneffekt dieses ersten Jahres war, dass ich schon alle Strukturen und Abläufe des Teams kennenlernen konnte, bevor ich dann in meinem zweiten Jahr am College voll bei den Cougars einstieg. In Houston hatten wir Theorie, Filmanalysen, Training und zusätzlich noch das Studium. Alles war sehr professionell organisiert und natürlich ganz anders als noch in Deutschland bei den Panthern. Als mein Jahr als Redshirt vorbei war, wollten die Cougars mich zwar auf den Platz bringen, aber ich war in deren Augen noch nicht gut genug, um ein Starting Tackle zu sein. Aus dieser Situation stammt auch das Gerücht, dass ich am Anfang meiner Collegezeit Tight End gewesen sei. Das ist so aber nicht ganz richtig. Zwar war ich nominell eine kurze Zeit Tight End, aber auf dem Rasen machte ich sicherlich nicht das, was sich ein Footballer vorstellen würde. Die Wahrheit ist, dass ich damals der dritte, also ein zusätzlicher Tackle war. Die Coaches haben mich nur als Tight End getarnt. Denn auf dem Rasen gibt es immer nur zwei Tackles – den linken und den rechten. Und der Spieler, der in der Startaufstellung neben dem Tackle steht, ist eigentlich der Tight End. Doch im College stand oftmals eben ich auf dieser Position, spielte aber einen zusätzlichen Tackle, der ebenfalls Gegenspieler blockte. Eine Route wie ein Tight End haben sie mich nie laufen lassen, was ich allerdings auch komplett nachvollziehen kann. Ich hatte als Tight End an der Seitenlinie die Nummer 19 auf dem Trikot, musste das Leibchen aber jedes Mal wechseln, wenn ich als zusätzlicher Tackle auf den Rasen kam. Dann zog ich mir das Trikot mit der Nummer 59 an.

Durch die vielen Kurzeinsätze in meinem zweiten Jahr in Houston hatte ich die Möglichkeit, viel zu lernen und mich an den College-Football zu gewöhnen. Allerdings merkte ich auch, dass die beiden Tackles vor mir richtig gut waren und ich wohl erst einmal nicht wirklich zum Zug kommen würde. Als mir das bewusst wurde, ging ich zu den Coaches und fragte, ob ich anstatt Tackle die Position des Defensive Ends spielen könnte. Ich wollte unbedingt auf dem Rasen stehen. Außerdem hatte ich diese Position in Deutschland bei den Düsseldorfer Panthern schon einige Male gespielt. Nachdem ich ein komplettes Jahr lang alle damit genervt hatte, willigten die Trainer am Ende tatsächlich ein. Ich war ab sofort Defensive End.

Doch dann begann die Offseason vor meinem dritten Jahr bei den Cougars. Wir trainierten vier-, fünfmal pro Woche und absolvierten zum Teil bereits morgens ab 4:45 Uhr unsere ersten Laufeinheiten.

Dabei passierte es: Ich sprintete über den Rasen, setzte meinen Fuß in den Boden, drehte mich schnell um, doch die Stollen blieben im Platz hängen. Mit einem lauten Knack war mein Bein gebrochen. Ich ließ mich auf den Rasen fallen und schrie sofort vor Schmerzen laut auf. Ich konnte es nicht fassen. Schon wieder ein Beinbruch. Wie schon ein paar Jahre zuvor in Düsseldorf.

Ich wurde also auf den Rücksitz eines Trucks geladen und in die Klinik gebracht. Kaum dort angekommen, bekam ich die größten Befürchtungen. Ich dachte, dass sie mich wie in Deutschland sofort operieren, danach im Krankenhaus behalten und anschließend wieder für mehrere Wochen aus dem Verkehr ziehen würden. Denn meine Schmerzen waren extrem groß. Doch der Arzt sah sich mein Bein an und meinte ziemlich lapidar: »Ja, das Bein ist gebrochen und jetzt ein bisschen geschwollen. Kommen Sie in ein paar Tagen wieder.« Alles klar. Ich machte also für einige Tage später einen Termin für eine Operation. Die war für morgens 6 Uhr angesetzt, um 9 Uhr war sie vorbei und um 12 Uhr war ich schon wieder zu Hause. Kein Klinikaufenthalt, alles nur ambulant. So läuft das eben in den USA.

Ich verbrachte einige Zeit auf Krücken, fing aber schnell wieder mit der Reha an. In dieser Zeit wurde ich körperlich erst richtig stark. Ich konnte natürlich meine Beine noch nicht richtig trainieren, dafür aber meinen Oberkörper. Das habe ich dann auch viermal pro Woche gemacht. Krafttraining ohne Ende, mit voller Intensität. Und das mit Gips am Bein. Aber das war mir völlig egal, ich trainierte wie besessen und legte entsprechend auch an Masse zu. Insgesamt waren es 25 Kilogramm über eine Zeitspanne von knapp fünf Jahren.

Nach ein paar Monaten war mein Bein wieder richtig hergestellt. Ich war voller Tatendrang und wollte es als neuer Defensive End

2 Der steinige Weg zum Draft 2009

allen beweisen. So weit mein Wunsch. Doch es kam leider anders. Wie so oft in meiner Karriere machte mir erneut eine Verletzung einen Strich durch die Rechnung. Ich war gerade zwei Wochen von meinem Beinbruch genesen und wir trainierten mit dem Team in der Halle. Während ich eine spezifische Übung für meine Position machte, fiel ich auf den Boden, weil ich auf einmal meine Beine nicht mehr bewegen konnte. Der Grund: Ich hatte einen Bandscheibenvorfall. Ich lag also auf diesem Kunstrasen, konnte mich keinen Zentimeter bewegen und fühlte mich wie gelähmt. Da kam dann ein Mitarbeiter der Cougars zu mir gelaufen und meinte nur ganz trocken: »Steh auf!« Das konnte ich nicht glauben. Dachte der vielleicht, ich liege hier zum Spaß? Hilflos erklärte ich ihm, dass ich mich nicht mehr bewegen könne. Das war ihm egal. Er meinte nur: »Du brauchst nicht zu glauben, dass wir einen Krankenwagen holen.« Okay, dann halt nicht. Aber ich konnte mich trotzdem nicht rühren. Da meinte der Kerl wieder nur: »Gut, dann bleibst du halt jetzt hier liegen.«

Ich lag tatsächlich 45 Minuten auf dem Platz, bis meine Teamkollegen versuchten, mich wieder aufzurichten. Ich wog damals immerhin schon 120, 130 Kilogramm, das machte es nicht gerade leichter. Zumal ich mich nicht nur so gut wie gar nicht bewegen konnte, sondern ich auch teuflische Schmerzen hatte. Am Ende schaffte ich es, mich ins Auto eines Mannschaftskollegen zu schleppen, der mich ins Krankenhaus kutschierte. Die Ärzte holten mich mit vereinten Kräften aus dem Wagen, brachten mich in die Notaufnahme und pumpten mich mit Schmerzmitteln voll, die wohl selbst bei Pferden alles lahmgelegt hätten. Aber immerhin ließ der Schmerz tatsächlich ein wenig nach. Nach einigen Tagen konnte ich wieder ganz langsam gehen, aber an Footballspielen war natürlich überhaupt nicht zu denken.

In der Folge habe ich dann Massagen, Lichtbehandlungen und Lasertherapien bekommen. Genutzt haben sie leider allesamt nichts. Ich konnte sechs Monate lang nichts machen und verpasste somit die gesamte Saison der Cougars. Nach diesem halben Jahr musste ich außerdem am Rücken operiert werden. Aber: Ich wachte nach dieser Operation auf und dachte: »Super. Das erste Mal schmerzfrei seit sechs oder sieben Monaten.« Ein wirklich überragendes Gefühl. Mein drittes Jahr im College war zwar sportlich für die Tonne, aber ich ließ mich nicht unterkriegen. Ganz im Gegenteil: Ich kämpfte weiter. Rückblickend machte mich jede Verletzung in meiner Karriere sogar noch ein bisschen stärker.

Ich absolvierte also die Reha nach meiner Bandscheiben-OP und ging in mein viertes Collegejahr. Dann wurde es auch schnell richtig ernst. Ich wusste allerdings immer noch nicht, welche Position ich spielen sollte. Defensive End oder vielleicht doch Tackle? Diese Entscheidung wurde den Coaches abgenommen, als sich der Starting Left Tackle das Knie komplett zerstörte und für Monate ausfiel. Mein Teamkollege saß aufgrund dieser schlimmen Verletzung sogar eine ganze Zeit lang im Rollstuhl. Doch durch dieses Desaster wurde ich ins Team gespült und übernahm für ihn als Left Tackle.

Ich spielte eine gute Saison und zeigte insgesamt sehr ordentliche Leistungen. Die Meisterschaft hatte das Team allerdings im Jahr zuvor geholt, ausgerechnet in der Saison, die ich wegen meiner schweren Bandscheibenverletzung gezwungenermaßen verpasst hatte. Ich selbst war jetzt aber erst einmal froh, Fuß gefasst zu haben und ein fester Bestandteil der Mannschaft zu sein. Ab diesem Zeitpunkt ging es für mich auch nur noch bergauf. In meinem letzten Jahr am College in Houston blieb ich wie schon in der Saison zuvor verletzungsfrei und konnte jedes Spiel spielen. Zur Belohnung für meine Leistungen wurde ich am Ende von allen Head Coaches sogar zum

2 Der steinige Weg zum Draft 2009

All-Conference-Tackle gewählt. Eine tolle Auszeichnung für mich. Und das, obwohl ich bei den Cougars aufgrund all meiner Verletzungen unter dem Strich nur zwei Jahre wirklich gespielt hatte. Für mich stellte sich langsam die Frage, wie es weitergehen würde. Ich hatte nur ein Studentenvisum für die Collegezeit. Lindsey war mittlerweile meine feste Freundin und ich wollte deshalb nach dem Studium nicht wieder zurück nach Deutschland. Ich bewarb mich damals für ein Programm, das mir ein weiteres Jahr Aufenthalt in den USA gewährt hätte – wenn ich denn einen Job gefunden hätte – mit der Option zur Verlängerung dieses Visums. Lindseys Vater hatte bereits angeboten, mich als Lkw-Fahrer für sein Unternehmen zu engagieren. Das wäre mit Sicherheit abenteuerlich geworden. Ich hatte mich ja sogar in Kaarst verfahren, wie wäre das dann nur mit so einem riesigen Truck auf den Straßen quer durch die USA geworden? Aber Profi-Footballer zu werden war für mich nach wie vor eine sehr unwahrscheinliche Variante. Daran verschwendete ich keinen Gedanken. Doch im Laufe der Zeit kamen immer mal wieder Leute mit der Frage auf mich zu, ob ich mir nicht doch eine Zukunft als Profi vorstellen könnte.

Es gab damals sogenannte International Practice Squads. Jedes der 32 NFL-Teams verfügt auch heute noch über eine Practice Squad, eine Trainingsgruppe mit Spielern, die trainieren, aber nicht in offiziellen Partien eingesetzt werden dürfen. Damals war die Zahl der Akteure in diesen Trainingsgruppen auf acht Spieler beschränkt. Zehn NFL-Teams durften jedoch einen Spieler hinzufügen, wenn er nicht aus den USA kam. Damit wollte man die europäischen Ligen und Athleten ein wenig stärken. Doch diese Regelung wurde genau in dem Jahr eingestellt, als ich ein Senior am College wurde. Echt blöd gelaufen. Ich setzte dann alles auf eine Karte, rief meinen damaligen Professor an und fragte ihn, ob ich das letzte Seminar meiner Collegezeit online machen könnte. Mein Plan war es, in Florida für den Combine zu trainieren. Das National Invitational Camp, auch NFL Combine genannt, ist eine jährlich stattfindende Veranstaltung der National Football League (NFL), bei der American-Football-Spieler, die sich für den kommenden Draft im April des jeweiligen Jahres angemeldet haben, eingeladen werden, um ihre athletischen, aber auch psychischen und mentalen Fähigkeiten unter Beweis zu stellen.

Was hatte ich schon zu verlieren? Es war mein letztes Jahr an der Universität, ich war Senior und meine Bewerbung für eine Erweiterung meines Visums lief auch. Für einen möglichen Plan B war also gesorgt. Mein Professor willigte ein und ich reiste in den Sunshine State.

Am Abend vor dem Abflug nach Florida spielte ich in Houston noch das All Star Game der College-Seniors. Ich war zunächst zu diesem Spiel überhaupt nicht eingeladen worden. Ein Verantwortlicher aus dem erweiterten Trainerstab der Cougars war aber bei den Olympischen Spielen der Zimmernachbar des Organisators dieses Spiels gewesen. Ich fragte ihn also, ob er nicht ein gutes Wort für mich einlegen könnte. Denn sämtliche NFL-Scouts würden extra nach Houston kommen, um bei dieser Partie dabei zu sein. Ich erkannte darin eine große Chance für mich. Doch der Kerl aus dem Trainerstab meinte nur: »Nee, dafür bist du zu schlecht.« Aber ich blieb hartnäckig und redete immer wieder auf ihn ein, bis er mir den Gefallen tat. Und letztendlich bin ich dann doch noch eingeladen worden. Wir hatten mit unserem Team vor dem All-Star-Game einige Trainingseinheiten und dort arbeitete ich mich vom vierten zum Starting Right Tackle nach oben. Somit stand ich beim All-Star-Game von Beginn an auf dem Rasen und legte ein richtig gutes Spiel hin. Und das auch noch zum ersten Mal auf der Position des

2 Der steinige Weg zum Draft 2009

Right Tackle, denn im College hatte ich immer Left Tackle gespielt. Doch die Trainer wollten mich bei diesem All-Star-Game ausdrücklich auf der rechten Seite sehen. Im Spiel haben sie dann wohl alle gemerkt, dass ich vielleicht doch nicht ganz so schlecht bin.

Am nächsten Morgen flog ich dann nach Florida und trainierte dort zwei Monate lang extrem hart für den Combine. Allerdings wurde ich am Ende leider nicht eingeladen. Offenbar war ich den Verantwortlichen damals nicht gut genug. Ich flog dann nach Houston zurück und absolvierte auf dem Sportgelände der University of Houston den Pro Day. Die letzte Chance, mich für die NFL zu empfehlen. Da steht man dann relativ schnell in seinen Shorts da, wird vermessen und gewogen, danach geht es zum Bankdrücken, dem 40-Yard-Lauf und schlussendlich zu den Übungen für die jeweiligen Positionen. Bei den verschiedenen Tests erreiche ich zum Teil überragende Zahlen. Mit meinen 36,5 Inches, knapp 93 Zentimetern, beim Vertical Jump, einem Sprung aus dem Stand, wäre ich im Combine des Jahres 2009 klarer Sieger in dieser Disziplin für meine Position gewesen. Der beste Athlet erreichte dort 34 Inches. Die 40 Yards, die 36,6 Meter entsprechen, lief ich in 5,13 Sekunden und beim Bankdrücken schaffte ich die 100 Kilogramm immerhin 32 Mal. Mit diesen Werten wäre ich im damaligen Combine für meine Position in fast allen Disziplinen unter den Top 5 gewesen. Der Mann, der diesen Pro Day speziell für meine Position leitete, war Dante »Scar« Scarnecchia, damaliger und nach zweijähriger Unterbrechung auch jetziger Offensive Line Coach der New England Patriots. Ich absolvierte also alle seine Übungen und konnte kaum noch atmen, weil sie so anstrengend waren. Nach dem sportlichen Teil ging es in eine Art Klassenraum zum sogenannten Board Talk. Scarnecchia stand vorne an der Tafel und erklärte mir die verschiedenen Spielsysteme der Patriots. Er machte das wahnsinnig anschaulich, es war unglaublich interessant. Ich war tief beeindruckt und dachte mir: »Wow. Der kann das wirklich richtig gut erklären.« Aber dann wischte er auf der Tafel alles weg und von einer Sekunde auf die andere waren keine Pfeile oder sonstige Erklärungen mehr zu sehen. Mir war in diesem Augenblick nicht klar, was er vorhatte. Dann rief Scar mich auf und meinte: »Erkläre mir bitte jetzt nochmal, was ich eben hier aufgezeichnet hatte.« Er wollte damit testen, wie schnell ich etwas verstehe, wie gut ich zuhöre und wie intelligent ich bin. Ich habe zuerst zwar noch ein wenig rumgeeiert, mich am Ende aber gut geschlagen, denn es kamen keine Nachfragen mehr. Als der Board Talk vorbei war, packte ich meine Sachen und ging nach Hause. Der Pro Day war für mich offiziell beendet.

Das war im März 2009. Danach passierte knapp zwei Monate lang im Prinzip nichts. Ich trainierte zwar, wusste aber in dieser Zeit nicht genau, wie es für mich weitergehen würde. Doch dann begann mein Handy ununterbrochen zu klingeln. Am anderen Ende der Leitung waren Scouts von verschiedenen NFL-Teams. Innerhalb weniger Tage wurde ich von 14 NFL-Teams zu Pre-Draft-Visits eingeladen, bei denen mich die Verantwortlichen vor dem Draft 2009 näher kennenlernen wollten. Vor Ort sollte ich dann unter anderem mit den Head Coaches sprechen und die Ärzte wollten mich medizinisch durchchecken. Meine Reise führte mich zu den Green Bay Packers, den Dallas Cowboys, Tampa Bay Buccaneers, Philadelphia Eagles, New York Jets, Detroit Lions, Miami Dolphins, Baltimore Ravens, Oakland Raiders, Pittsburgh Steelers, Minnesota Vikings, Atlanta Falcons, Houston Texans und den Indianapolis Colts. Die New England Patriots waren damals noch nicht dabei.

Da die NFL-Teams die Spieler nur bis zu zwei Wochen vor dem Draft einladen dürfen, flog ich in kürzester Zeit von einem Klub zum anderen. Das war eine ganz schöne Hetzerei. Ich kann mich dabei vor allem an eine spezielle Situation erinnern. Es passierte kurz vor meinem Termin bei den Oakland Raiders, die übrigens extrem interessiert an mir waren und sogar meinten, dass sie mich spätestens in der dritten Runde draften würden. Bei meinem Besuch in Kalifornien ging mein Koffer am Flughafen verloren. Das war natürlich eine Katastrophe. Denn ich war immer sofort weitergereist. Ich hatte zwar meinen Anzug an, was für einen Pre-Draft-Visit schon mal gut war, aber ich war meinem Koffer ab sofort einen Tag voraus. Wenn er in Oakland war, war ich schon in Tampa. Das ging drei Tage lang so. Ich saß in dieser Zeit immer abends im Hotel und wusch meine Klamotten im Waschbecken aus, damit ich nicht ganz so schmutzig aussah. Einmal habe ich im Hotel auch mein einziges weißes Hemd gebügelt, dabei aber nicht gesehen, dass das Bügeleisen des Hotels rostig war. Jetzt musste ich also mit Rostflecken auf dem ansonsten blütenweißen Hemd rumlaufen. Das war natürlich extrem unangenehm, schließlich wollte ich einen möglichst guten Eindruck hinterlassen. Es war ja das erste Mal, dass die Leute mich sahen, und zudem sprach ich ja auch noch mit dem Head Coach, dem General Manager und möglicherweise auch mit dem Position Coach. Da wollte ich nicht unangenehm auffallen.

Wenn man dann beim Team war, wurde man nicht nur sportlich und medizinisch durchgecheckt, sondern auch mental. Bei den Raiders wurde ich zum Beispiel gefragt: »Hasst du die San Diego Chargers?« Ich antwortete nur kurz und knapp: »Nö, warum?« Daraufhin wurde mir erklärt, dass ich die Chargers hassen müsste, wenn ich für Oakland spiele würde. Aha. Ich meinte darauf, dass ich San Diego durchaus hassen könnte, wenn die Raiders mich denn wirklich draften würden. Aber im Moment hätte ich eigentlich nichts gegen die Chargers einzuwenden. Denn wenn die mich wiederum draften würden, fände ich San Diego ziemlich gut. Das habe ich den Leuten bei den Raiders genau so gesagt. Im Nachhinein war das vielleicht nicht die beste Idee. Wobei: Draften wollten sie mich trotzdem noch. Ehrlichkeit zahlt sich im Leben eben doch manchmal aus. Heute weiß ich, dass sie einfach nur testen wollten, wie ich in Drucksituationen oder auf bestimmte Fragen reagieren und wie ich damit zurechtkommen würde. Dafür hat jedes Team eben andere Methoden.

Bei den Baltimore Ravens sollte ich zum Beispiel wie bereits einige Zeit vorher beim Pro Day deren Spielsystem auf einer Tafel nachzeichnen und erklären. Doch bevor ich überhaupt dazu kam, wurde ich von deren Position Coaches verbal richtig rundgemacht. Und zwar das volle Programm »Kapierst du das nicht? Bist du zu blöd dafür? Wie dumm kann man eigentlich sein?«. Und das ging auf diesem Niveau noch ein bisschen so weiter. Ich fand das durchaus unnötig. Warum muss man denn mit Leuten so umgehen? Das war das erste Mal, dass ich so richtig respektlos behandelt wurde. Aus heutiger Sicht macht allerdings auch diese Methode durchaus Sinn. Sie wollten mich einfach in einer Drucksituation erleben und sehen, wie ich darauf reagiere, wenn ich angeschrien werde. Gerade im Football gibt es viele Emotionen, da rastet schon immer mal wieder einer aus. Es fallen auch gerne deftige Worte und man muss sich einiges anhören – von Mitspielern und auch Coaches. Schreist du dann zurück? Oder verteilst aus Frust vielleicht sogar Schläge? Das alles wollten die Ravens bei mir testen. Ob ich aus deren Sicht bestanden habe, weiß ich nicht. Ich bin damals einfach nur ruhig geblieben, dort weggefahren und habe mir gedacht: »Hier will ich nicht hin.«

Eine der kuriosesten Situationen erlebte ich wohl mit den Pittsburgh Steelers. Die riefen mich an, fragten mich, ob ich Englisch spreche, und legten sofort wieder auf, als ich diese Frage bejaht hatte. Kein Hallo und kein Tschüss. Einfach nur die Frage und fertig. Das Telefonat dauerte vielleicht drei Sekunden. Außerdem musste ich bei jedem Team eine neue Röntgenaufnahme machen. Insgesamt 14 Stück. Das war schon extrem. Immer, wenn ich zu einem Team kam, sagte ich zu deren Ärzten: »Ich habe hier schon Bilder. Die sind gestern ganz neu gemacht worden. Da ist alles drauf zu sehen.« Aber das wollten sie allesamt nicht akzeptieren, trauten den anderen Klubs und dessen medizinischen Abteilungen wohl nicht über den Weg. Ich hatte nach all meinen Pre-Draft-Visits echt das Gefühl, dass ich grün leuchte. Aber was macht man nicht alles mit.

Die New England Patriots riefen mich übrigens damals noch nicht an. Das machten sie zum allerersten Mal direkt am Draft Day. Am Ende ein gutes Omen.

3 »Du bist echt noch nicht gut«

Am frühen Morgen des Draft Day im April 2009 rief mich mein Agent an und teilte mir mit, dass ihn gerade die New England Patriots kontaktiert hätten. Er hatte nach diesem Gespräch das Gefühl, dass sie mich gerne draften würden. Denn die Patriots wollten von ihm wissen, ob ich medizinisch gesund sei, und meinten im Nachgang dieses Telefonats noch, dass sie mich am heutigen Tag im Auge behalten würden. Ich selbst dachte mir nichts weiter dabei. Denn am ersten Tag fand damals die erste und die zweite Runde des Drafts statt. Da sah ich mich nicht. Maximal einen Tag später, als die anderen Runden über die Bühne gingen.

Ich wohnte zu dieser Zeit mit Lindsey in einem Appartement eines riesigen Wohnkomplexes in Houston, zu dem eine kleine Poollandschaft gehörte. Wir luden also ein paar Leute ein und verbrachten den Tag am Swimmingpool. Lindseys Vater, ihre Schwester und ein paar gemeinsame Freunde von uns waren da. Das alles hatte nichts mit dem Draft Day zu tun, der interessierte mich in diesem Moment nur sehr wenig. Es war einfach ein schöner Tag und den wollten wir gemeinsam bei uns verbringen. Ich ging ab und zu nach drinnen, um im Fernsehen zu schauen, wer gedraftet wurde. Mehr aber auch nicht. Die ganze Veranstaltung ging an diesem Samstag zunächst einmal ziemlich an mir vorbei.

Im Vorfeld hatte es immer wieder geheißen, dass vor mir schon einige Tackles gedraftet werden müssten, damit ich auch nur den Hauch einer Chance hätte, in den ersten beiden Runden dranzukommen. Denn die NFL-Experten hatten mich auf meiner Position nicht auf dem Zettel. Sie sollten mit ihrer Prognose zunächst einmal recht behalten. In der ersten Runde wurden kaum Tackles gedraftet. Das bisschen Hoffnung, das ich noch hatte, schwand immer mehr. Aber irgendwie auch alles okay für mich, weil ich nie mit der ersten oder zweiten Draft-Runde gerechnet hatte. Lust, mir acht Stunden lang den Draft anzuschauen, hatte ich jedenfalls keine. Ich ging lieber wieder raus an den Swimmingpool.

Dort verbrachten wir alle gemeinsam den Tag, grillten zusammen und hatten einfach nur Spaß.

Am Nachmittag fuhren Lindsey und ich dann in Houston zu Texadelphia, einer Sandwich-Kette, um uns dort etwas für das Abendessen zu holen. Ich sprach gerade mit der Bedienung und bestellte, als mein Handy klingelte. Das lag zwar vor mir auf der Theke, ich merkte es aber nicht. Lindsey schaute dagegen gerade aufs Display, guckte mich an und sagte: »Da ruft dich gerade jemand an. Die Nummer ist unterdrückt.« In diesem Moment war mir sofort klar, dass das ein NFL-Team sein musste. Also nahm ich das Handy in die Hand und das Gespräch entgegen. Am anderen Ende: Berj Najarian, der persönliche Assistent von Bill Belichick, dem Head Coach der New England Patriots.

Ich wusste in diesem Moment erst einmal nicht so recht, was ich sagen sollte, und hörte nur zu, was der Mann am anderen Ende der Leitung mir zu erzählen hatte. Najarian meinte: »Hey Sebastian, wir werden dich gleich in der zweiten Runde draften. Das Ganze sollte in den nächsten zwei, drei Minuten über die Bühne gehen.« In diesem Augenblick ließ ich das Handy von meinem Ohr sinken und brachte an der Theke des Sandwich-Ladens nur noch ein leises »To go« heraus. Lindsey und ich packten also unsere Bestellung und liefen zum Auto. Dann meldete sich Belichick höchstpersönlich am Telefon und sagte: »Wir draften dich gleich.« Ich freute mich riesig,

3 »Du bist echt noch nicht gut«

war total aufgeregt und voller Glücksgefühle. Belichick schob direkt einen kleinen Dämpfer hinterher: »Du hast aber noch ganz schön viel zu lernen.« »Okay«, antwortete ich. Ich war trotzdem nach wie vor komplett euphorisiert. Da meinte Belichick erneut nachdrücklich: »Ich meine das ernst. Du bist echt noch nicht gut, du hast noch sehr viel vor dir.« Ich entgegnete immer nur: »Ja ja, weiß ich. Kein Problem.« Und ich feierte weiter.

Danach wurde ich noch von Teambesitzer Robert Kraft begrüßt, bevor ich an den Pressesprecher weitergeleitet wurde. Der briefte mich dann erst einmal darüber, was ich der Presse gleich sagen sollte. Denn kurz nach dem Telefonat mit den Patriots sollte ich ein telefonisches Pool-Interview mit sämtlichen Bostoner Medien haben. Das dürften rund 50 Journalisten gewesen sein. Denen servierte ich dann die vom Patriots-Pressesprecher vorgegebenen Antworten. Das waren so nichtssagende Sätze wie »Ich arbeite hart an mir«, »Ich freue mich, ein Teil der Patriots zu sein«, »Ich weiß noch nicht, welche Position ich spielen werde« oder »Ich werde alles für diesen Klub geben«. Also nichts Halbes und nichts Ganzes. Alles Phrasen, die vor allem die deutsche Presse in meiner gesamten Karriere hasste. Aber die Sätze waren alle vorgegeben und wir Spieler mussten uns strikt daran halten. Wir durften nie irgendwelche Details preisgeben. Und zwar von der ersten bis zur letzten Sekunde, in der wir das Trikot der Patriots trugen. Uns wurde immer wieder eingetrichtert, dass wir zwar die Fragen nicht bestimmen könnten, dafür aber die Antworten. Mir war es am Ende auch lieber, wenn die Medien aufgrund meiner nichtssagenden Antworten sauer auf mich waren, als wenn es mein Head Coach gewesen wäre, weil ich zu viel erzählt hätte. Ich konnte die Medien schon verstehen, die wollten nur ihren Job machen. Aber meine Allianz schloss ich eben mit dem Klub. Ich war meine komplette Karriere lang zu 100 Prozent ein New Eng-

59

land Patriot, habe mich immer mit dem Klub identifiziert und mich voll und ganz in dessen Dienst gestellt.

Aber zurück zum Draft Day. Der Sportsender und Draft-Berichterstatter ESPN war damals so überrascht von meiner Zweitrunden-Nominierung, dass die Leute dort überhaupt kein Bildmaterial von mir vorbereitet hatten. Sie hatten nicht damit gerechnet, dass ich so früh gedraftet werden würde. Ich war zum Zeitpunkt meines Drafts ja nicht zu Hause und hatte keinen Fernseher zur Verfügung, konnte die Berichterstattung somit nicht verfolgen. Aber mir wurde im Nachhinein erzählt, dass das Urteil über mich in der Live-Sendung entsprechend kritisch ausfiel und folgende Fragen aufkamen: Wer ist dieser Typ überhaupt? Haben die Patriots mit ihm nicht einen großen Fehler gemacht? Ist er nicht zu schlecht für die NFL? In diese Richtung muss es damals gegangen sein. Vier Jahre später, im Jahr 2013, hat die NFL einen sogenannten Re-Draft gemacht und durchgespielt, wann ich deren Meinung nach hätte 2009 gedraftet werden müssen. Ihr Ergebnis: an Position acht in der ersten Draft-Runde. So läuft das eben manchmal.

Ich habe damals mitten in der Nacht meine Eltern angerufen und ihnen erzählt, dass ich gerade von den New England Patriots gedraftet worden war. Sie haben sich natürlich riesig mit mir gefreut, fragten mich dann aber auch gleich: »Was heißt das denn jetzt?« Da realisierten Lindsey und ich zum ersten Mal so richtig, was an diesem Tag passiert war. Er würde mein und damit unser gemeinsames Leben völlig verändern. Wir sahen dann erst einmal nach, wo New England und vor allem wo genau Foxborough liegt. Ich erinnerte mich zudem daran, dass das erste NFL-Spiel, das ich jemals live im TV gesehen hatte, der Super Bowl zwischen den Patriots und den St. Louis Rams in der Saison 2001 gewesen war. Jetzt wurde ich auf einmal von einer dieser beiden Mannschaften gedraftet. Das

3 »Du bist echt noch nicht gut«

alles erschien mir ziemlich unwirklich und ich konnte es nicht so richtig begreifen. Aber es war die Realität. Ich würde tatsächlich die Chance bekommen, in der NFL zu spielen – und zwar für die New England Patriots.

4 Ein deutscher Rookie als Bradys Bodyguard

Nach dem Draft Day im April 2009 hatte ich etwa eine Woche Zeit, bis es für mich in Foxborough so richtig losging. Dante »Scar« Scarnecchia, rief mich an und ich fragte ihn direkt, ob er mir nicht schon mal ein Playbook schicken wollte oder ob ich sonst schon etwas als Vorbereitung auf die Zeit bei den Patriots machen könnte. Konnte ich aber nicht. Scar erklärte mir, dass das gegen die Regeln der NFL verstoßen würde. Und er schob beruhigend hinterher: »Mach dir mal keine Sorgen. Das lernst du schon alles noch früh genug.«

Also reiste ich eine Woche später nach Foxborough zu einem sogenannten Rookie-Mini-Camp. Das ging von Freitag bis Montag. Ich kam donnerstags in Boston am Flughafen an und hatte keine Ahnung, wie der Ablauf sein würde. Uns Rookies wurde im Vorfeld nichts gesagt. Auf einmal kam ein weißer Kleinbus, der uns abholte und ins Hotel fuhr. Am nächsten Tag um 5:30 Uhr ging es dann endlich los zu den Patriots. Als wir im Trainingsbereich des Gillette Stadium ankamen, fiel mir ein großes Schild auf, das dort an der Eingangstür hing. Darauf standen vier Punkte: »Do Your Job«, »Be Attentive«, »Work Hard« und »Put The Team First«. Als wir später wieder rausgingen, hing auch am Ausgang ein großes Schild – und auch darauf waren wiederum vier Punkte zu lesen. Diese lauteten: »Don't Fuel The Hype«, »Manage Expectations«, »Speak For Yourself« und »Ignore The Noise«. Was ich damals noch nicht wusste: Das sind die Regeln der Patriots. Nur wenn du dich als Spieler auch zu 100 Prozent daran orientierst und vor allem damit identifizierst, bist du auch ein echter Patriot. Das heißt im Klartext: Wenn du ins Gebäude kommst, musst du dich an die vier Punkte halten, die auf dem Schild an der Eingangstür stehen. Und natürlich dann auch umgekehrt an die vier Punkte im Ausgang, wenn du das Trainingszentrum wieder verlässt. Diese insgesamt acht Punkte waren eine Art persönlicher Wegweiser.

Ich lief also in dieses Gebäude hinein und kam sehr schnell an eine große Glastür. Dort sah ich Najarian, Belichicks Assistenten, und Scar. Der Offensive Line Coach begrüßte mich mit einem Handschlag und gab mir kurz und knapp einen Satz mit auf den Weg: »Wenn ich du wäre, würde ich mir die Punkte auf den Schildern am Ein- und Ausgang ganz genau anschauen und einprägen.« Er erklärte mir nicht warum, machte alleine mit seinem Tonfall aber klar, dass er es sehr ernst meinte und diese acht Punkte für mich noch von Bedeutung sein würden. Als Rookie machst du sowieso erst einmal das, was von dir verlangt wird. Außerdem war ich mir sicher, dass Scar mir mit diesem expliziten Hinweis helfen wollte. In diesen ersten Minuten prasselten unglaublich viele Eindrücke auf mich ein. Allerdings gingen mir vor allem nach Scarnecchias Hinweis diese Schilder nicht mehr aus dem Kopf. Ich habe sie mir dann tatsächlich nochmal ganz genau angesehen und mir die acht Punkte extra aufgeschrieben. Ich wollte einfach auf Nummer sicher gehen.

Dann ging es für uns weiter in Richtung Kabine. Dort saßen viele Veteranen, erfahrene und vor allem verdiente Patriots-Spieler, die seit Jahren in der NFL zu Hause waren. Sie schauten mir alle ein wenig verstört und fragend ins Gesicht. Ich wusste warum. Einen Tag vor meiner Abreise nach Foxborough hatte ich noch in Houston als Vorbereitung auf das Mini-Camp bei den Patriots mit einem Defensive End trainiert. Doch bei einer Eins-gegen-eins-Übung erwischte mich mein Trainingspartner mit seinem Ellenbogen im Gesicht und brach mir die Nase. Das Blut lief mir über das ganze Gesicht, doch der Defensive End meinte nur ganz lapidar: »Da ist nichts.« Von wegen. Ich fuhr sofort ins Krankenhaus, ließ mir die Nase richten und bekam eine Art Gips im Gesicht verpasst. Doch damit nicht genug: Um meine Nase herum wurde alles grün und blau. Genau so stand ich jetzt also in der Kabine der Patriots. Die müssen echt gedacht haben, dass ich frisch von einer Kneipenschlägerei kam. Ganz nach dem Motto: Der Typ ist neu hier und hat jetzt schon eine gebrochene Nase. Das konnte ja was werden. Dort die NFL-Stars und hier der Idiot mit dem blauen Auge und der kaputten Nase. So ähnlich fühlte sich das jedenfalls damals an.

Nach dem Gang durch die Kabine ging es zu den Ärzten, die mich medizinisch durchcheckten. Im Anschluss starteten wir dann schon richtig und bekamen die ersten Spielzüge erklärt. Ich saß also in diesem Meetingraum und ganz vorne stand Head Coach Bill Belichick, der die großen Teammeetings immer persönlich leitete. In diesem Raum hingen Unmengen von Bildern ehemaliger, aber auch damals aktueller Patriots-Spieler. Auf einmal meinte Belichick: »Sebastian. Wer ist das?« Dabei zeigte er auf ein bestimmtes Bild. Ich schaute hin, konnte aber kein Gesicht erkennen, der Spieler hatte ja einen Helm auf. Ich sah nur die Nummer auf dem Trikot, konnte diese aber nicht zuordnen. Also sagte ich: »Sorry, I don't know.« Daraufhin wurde ich erst einmal verbal rundgemacht. Belichicks Argument war, dass wir Rookies in ein paar Tagen genau mit diesen Leuten zusammenspielen würden und wir unbedingt unsere zukünftigen Teamkollegen kennen sollten. Inklusive ihrer Trikotnummern. Bei den Mini-Camps trug die Offense unter Belichick aber zunächst einmal nur weiße und die Defense nur blaue Trikots – ohne Nummern darauf. Damit wollte er erreichen, dass wir unsere Mitspieler an den Gesichtern, deren Positionen oder aber deren Art und Weise sich zu bewegen erkennen. Belichicks Credo lautete: »Learn your teammates, learn their names, learn their numbers, learn their positions.« Außerdem war es so auch schwerer für die Medien, etwas über uns Spieler herauszufinden. Die schauten ja oft aus der Ferne zu und mussten letztlich raten, wer da gerade welchen Spielzug gemacht hatte. Denn sie sahen ja nur die Farben der Trikots, aber keine Nummern oder Gesichter. Diese Methode schweißte uns enorm zusammen, denn die Veteranen waren so auch gezwungen, sich intensiv mit den Rookies auseinanderzusetzen. Das Spiel mit dem Erraten der Teamkollegen machte der Head Coach mit allen Rookies, ließ sogar eine Diashow abspielen und fragte immer wieder: »Wer ist das? Und wer ist das?« Da waren dann aber nicht nur unsere neuen Mitspieler dabei, sondern auch mal Jungs, die vor zehn Jahren für New England gespielt hatten. Es wurde also von der ersten Sekunde an Druck ausgeübt, man durfte sich seiner Sache nie zu sicher sein. Ich selbst hatte während dieses Meetings Schweiß an den Händen und war sehr angespannt.

Es ging aber noch weiter. Belichick fragte uns: »Ihr seid doch alle heute früh hier ins Gebäude gelaufen. Was steht an der Eingangstür?« Die meisten schauten sich an und nuschelten leise vor sich hin: »Was für eine Tür?« Ich wusste es glücklicherweise, weil Scar mich ja bereits darauf aufmerksam gemacht und vorgewarnt hatte. Belichick stellte dann nochmals unmissverständlich klar, dass diese Punkte bei den Patriots der einzige Weg des Erfolges seien und wir als Spieler uns daran zu halten hätten. Das hatte ich nun endgültig verstanden. Nachdem uns der Head Coach dann eingenordet hatte, ging es auch schon raus zum Training. Wir waren zu diesem Zeitpunkt noch nicht so viele: zwölf gedraftete Rookies – die Patriots hatten 2009 relativ viele Draft Picks. Dazu kamen die Undrafted Free Agents, das waren ungefähr nochmal 30 Jungs. Wir hatten noch kein volles Teamtraining, wurden aber schon hart rangenommen. Das ging die ganzen Tage so. Im Mittelpunkt stand dabei vor allem das Training für die speziellen Positionen. Ich als Tackle trainierte entsprechend mit der Offensive Line. Allerdings wurde mir noch nicht mitgeteilt, ob ich nun Right oder Left Tackle spielen würde. Das hatte einen Hintergrund: Belichick sagte einmal, wenn du als NFL-Spieler nur eine einzige Position spielen könntest, müsstest du einer der besten in der Liga sein. Denn nur dann macht es auch wirklich Sinn, dich überhaupt im Kader zu haben. Diese seien nämlich nur selten groß genug für reine Spezialisten. Selbst Brady ist bei den Patriots Backup Holder beim Field Goal. Ich musste mir meine Position also erst einmal hart erarbeiten.

Als dieses Mini-Trainingslager beendet war, flog ich direkt wieder zurück nach Houston. Zwei Wochen später stand in Foxborough dann das erste richtige Mini-Camp mit den ganzen erfahrenen Leuten wie Tom Brady, Randy Moss oder Vince Wilfork auf dem Programm. Uns wurde immer wieder aufs Neue das Spielsystem der Patriots eingetrichtert. Wie schon beim Rookie-Mini-Camp. Wir sollten es einfach perfekt beherrschen. Das Spielsystem wurde übrigens jedes Jahr immer wieder neu erklärt und so bei den Spielern installiert. Das heißt, dass alle Spieler, die schon länger bei den Patriots waren, es immer wieder aufs Neue hören mussten. Die Veteranen fünfzigmal, die Rookies hundertmal. So lange, bis einem das Spielsystem sprichwörtlich aus den Ohren kam.

Da ich am Rookie-Mini-Camp teilgenommen hatte, hatte ich mir in diesem großen Meetingraum bereits einen Platz ausgesucht. Damals waren aber die Veteranen noch nicht dabei gewesen. Das war jetzt anders. Die hatten natürlich ihre angestammten Plätze. Und die wollten sie jetzt auch wieder haben. Wir Rookies mussten also zu Beginn warten, wo sich die anderen, bereits verdienten Spieler hinsetzten und durften uns dann auf die noch übrig gebliebenen Stühle verteilen. Mein Platz war ganz hinten, direkt neben Scar. Jedenfalls im O-Line-Raum. Es gab bei den Patriots einen großen Meetingraum, dann Räume speziell für die Offense und die Defense sowie nochmal für die einzelnen Positionen. Im Laufe der Zeit bin ich einen Platz nach vorne gewandert und saß dann neben Stephen Neil. Er war Guard und spielte später auf dem Rasen neben mir. Da half es ungemein, dass wir auch im Meetingraum direkt nebeneinander saßen. Denn so konnten wir uns sofort austauschen. Das schweißte enorm zusammen. Zumal ich meinen Sitznachbarn häufiger und länger sah als meine Ehefrau.

Jeden Tag, wenn wir diesen Raum betraten, stand an der gleichen Stelle der sogenannte Depth Chart. Dort konnten wir Spieler sehen, wo wir im Moment nach Ansicht der Coaches standen. Also an welcher Stelle auf unserer jeweiligen Position. Ich war der achte Tackle. Sieben Spieler waren vor mir und wurden aktuell von den Coaches besser eingeschätzt als ich. Mein Gedanke war damals nur: »Okay, da habe ich noch ein bisschen Arbeit vor mir. Aber denen werde ich es schon zeigen.« Wir waren zu Beginn insgesamt 20 Offensive Linemen und davon acht Tackles. Am Ende würden für den finalen Kader maximal vier Tackles übrig bleiben. Ein weiterer würde zumindest ins Practice Squad dürfen. Das ging mir in diesem Moment natürlich intensiv durch den Kopf.

Belichick konnte auf einen Rookie sehr viel Druck ausüben. Ich erinnere mich noch an eine Situation, als wir in diesem ersten Mini-Camp zusammen mit den Veteranen Spielzüge trainierten und Belichick auf einmal zu mir gelaufen kam und grinsend meinte: »Na Vollmer, da wollen wir doch mal sehen, ob du den folgenden Spielzug kennst und auch richtig machst.« Leider ging dabei etwas schief und Belichick meinte nur: »Tja, jedes Mal, wenn ich zu dir rüber komme, bekommst du es einfach nicht hin.« In solchen Situationen hast du als Spieler gemerkt, unter welchem Druck du wirklich stehst. Wir mussten Hunderte von Spielzügen auswendig können. Aber schon ein Wort in einer langen Erklärung konnte deine Aufgabe in dem Spielzug verändern. Wenn du dann außer Atem und kaputt warst und der Kopf für einen Moment nicht mitspielte, konnte es dir schon mal passieren, dass du was durcheinanderbrachtest. So wie bei mir in dieser Situation. Am Anfang waren wir insgesamt 85 Leute im Training und du wusstest, in den finalen Kader schaffen es am Ende nur 53. Belichick wollte mit seinem Verhalten allen von uns von Beginn an klar machen, dass wir ganz schnell raus sein könnten, wenn wir seine Anforderungen nicht erfüllten. Mir persönlich wollte er letztlich in dieser Situation zeigen, dass es nichts heißt, schon in der zweiten Runde gedraftet worden zu sein. Niemand durfte sich seiner Sache zu sicher sein. Du stehst ständig unter Druck, lebst mit der Angst, dass es jeden Tag vorbei sein könnte. Mental musst du als NFL-Spieler deswegen sehr stark sein.

Nach diesem Mini-Camp blieb ich in Foxborough und flog nicht zurück nach Houston. Wir trainierten nun alle individuell im Kraftraum, bis im Juli mit einem Trainingslager so langsam aber sicher die richtige Vorbereitung auf die Saison begann. Die Rookies blieben in diesen vier Wochen strikt getrennt von den Veteranen. Als das Trainingslager dann endlich losging, mussten wir alle zunächst einmal zum Konditionstest. Da wurde gecheckt, ob wir in den Wochen zuvor auch hart genug an uns gearbeitet hatten. In Belichicks Augen zeigte ihm der Test, ob wir fit genug fürs Footballspielen waren. Denn wären wir durchgfallen, hätte ihm das wiederum gezeigt, dass unser Körper nicht bereit und somit anfällig für Verletzungen war. Wir dicken Jungs von der Offensive Line mussten beispielsweise insgesamt 20 40-Yard-Sprints machen. Aufgeteilt auf zweimal zehn Läufe. Dabei mussten wir aber bei jedem Lauf unter sechs Sekunden bleiben. Und zwischen den Läufen hatten wir nur 30 Sekunden Pause. Nach den ersten zehn Sprints durften wir mal für drei Minuten durchschnaufen. Die Quarterbacks, Running Backs oder Linebacker mussten all das auch machen – auf ihren Positionen allerdings angepasst auf 50 Yards unter sieben Sekunden. Und die schnellen Jungs – also Wide Receiver oder Defensive Backs – hatten 60 Yards in acht Sekunden zu bewältigen. Nur wer diese Hürde überwand, wurde auch fürs Training zugelassen. Diejenigen, die ihre Aufgabe nicht schafften, wurden auf eine Liste gesetzt, dass sie körperlich noch nicht in der Lage seien, mit dem Team zu trainieren. Diese Regelung galt übrigens für alle. Nicht nur für die Rookies.

Ich lief damals neben meinem Kumpel Rich Ohrnberger, der zuvor mit mir gedraftet worden war. Auf einmal hörte ich ein eigenartiges Geräusch. Es war wie ein kurzer Knall, also so, als ob etwas kaputtgegangen wäre. Ich dachte, ich hätte mir den Unterschenkel gezerrt, und fasste mir sofort ans Bein, um zu checken, ob alles in Ordnung war. Das Geräusch kam aber von dem Kollegen neben mir. Rich war irgendwie gestolpert, und ich sah ihn neben mir humpeln. Als ich realisierte, dass nicht ich mich verletzt hatte, rannte ich so schnell ich konnte weiter. Das alles passierte in Bruchteilen einer Sekunde. Rich hat es mit seiner Verletzung dann leider nicht in den Kader geschafft, ich kam dagegen Gott sei Dank auch trotz dieser Schrecksekunde weiter und wurde zum Training zugelassen.

Am Tag nach dem Konditionstest bekamen wir einen etwa zehn Zentimeter dicken Ordner in die Hand gedrückt. Den hatten wir beim Mini-Camp schon einmal bekommen, mussten ihn damals aber bei der Abreise wieder abgeben. In diesem Ordner stand einfach alles drin: wie man einen Huddle macht, wie man sich an der Line of Scrimmage aufstellt, bis hin zu den kompliziertesten taktischen Überlegungen. Da standen vielleicht 1000 verschiedene Spielzüge drin. Ich blätterte dieses riesige Ungetüm durch und dachte mir nur: »Was ist denn hier los?« Jeder Spielzug bestand aus mindestens fünf Seiten. Denn sie variierten natürlich, je nachdem, wie sich die gegnerische Defense formieren würde. Mir war sofort klar, dass da sehr viel Arbeit auf mich zukommen würde. Denn das alles musste ich ja zwingend auswendig können. Eine große Herausforderung für einen Rookie.

Ich ging dann in den Locker Room. Der war rechteckig angeordnet und die erfahrenen Spieler hatten alle an der Seite entlang schöne Spinde aus Holz. Die Rookies hingegen hatten ihre Umkleiden in der Mitte der Kabine. Aber nicht aus Holz, sondern temporäre Metallspinde. So ein bisschen, wie man es aus der High School kennt. Es waren sowieso schon 60 Spieler in der Kabine und dann kamen noch 30 Rookies und Undrafted Free Agents dazu, die möglicherweise irgendwann wieder entlassen werden würden. Und die mussten sich ja auch irgendwo umziehen, deswegen die mobilen Spinde. Am Eingang der Kabine, direkt vor unseren Metallspinden, stand ein Tisch, an dem es sich die Offensive Linemen gutgehen ließen. Es war beeindruckend für mich zu sehen, mit welcher Ruhe und Gelassenheit die da saßen und Domino oder Karten miteinander spielten. Das waren Männer wie Matt Light, Logan Mankins oder Stephen Neal. Die alten, erfahrenen Offensive-Line-Spieler der Patriots. Die lachten, scherzten und hatten einfach unglaublichen Spaß, während ich mit meinem dicken, riesigen Ordner irgendwo in der Ecke saß und wie blöde lernte. Wie konnten die nur so locker sein? Später in meiner Karriere habe ich es allerdings genauso gemacht wie die Jungs damals. Denn wenn du den Inhalt des Ordners einmal im Kopf hattest, hast du ihn nicht mehr vergessen. Es veränderte sich auch nichts. Und falls doch, dann nur so punktuell, dass du aufgrund deines Grundverständnisses schon wusstest, wie du das Problem lösen würdest. Scar erzählte mir einmal, dass er jedes Jahr in einem der Ordner für die Veteranen einen 100-Dollar-Schein versteckte. Wenn die Jungs die Ordner dann wieder abgeben mussten, sah er nach und entdeckte, dass der Schein noch da war. So lief das laut Scar immer. Die Veteranen sahen sich die Spielzüge tatsächlich ab einem gewissen Zeitpunkt nicht mehr intensiv an. Sie hatten die Spielzüge allerdings auch schon sehr häufig gehört und konnten sie somit auswendig. Aber für mich als Rookie war das Verhalten der dicken Jungs am Tisch damals schon beeindruckend. Ich dachte mir: Wie können die das nur alles wissen?

Ich musste mich in dieser Zeit nebenbei um ein neues Visum kümmern. Denn bislang hatte ich nur das Studentenvisum, brauchte nun aber ein Sportvisum. Dafür musste ich zu einer Botschaft und somit ins Ausland. Ich reiste also nach Kanada, weil dort die nächste US-amerikanische Botschaft war – und das mitten im Trainingslager. In der besagten Woche hatten wir donnerstags ein Preseason-Spiel. Also sollte ich montags nach Kanada fliegen, um mittwochs wieder beim Team in Foxborough zu sein. Gesagt, getan. Mittwochs kam ich wieder in New England an und spielte am Tag darauf wie verabredet das Vorbereitungsspiel gegen die New York Giants. Dabei misslang mir ein Spielzug. Am nächsten Tag saßen wir alle im Meetingraum und Belichick machte mich vor versammelter Mannschaft richtig rund. »Der Vollmer versteht das System einfach nicht, geht nach links anstatt nach rechts.« Und dann kam zum Schluss noch der entscheidende Nachsatz: »Bist du nicht am Dienstag nach dem Training noch extra bei mir gewesen und hast mich exakt nach diesem Spielzug gefragt? Und da habe ich es dir noch lang und breit erklärt.« Am Dienstag? Nach dem Training? Da realisierte ich dann sehr schnell, dass ich an diesem Tag überhaupt nicht in Foxborough, sondern wegen meines Visums in Kanada gewesen war. Ich hätte den Spielzug zwar kennen sollen, habe aber nie bei Belichick nochmal nachgefragt oder ihn jemals geprobt. Doch keiner sagte etwas. Keiner traute sich, auch nur einen Mucks zu machen. Selbst die Coaches nicht. Sie hätten eingreifen und Belichick sagen können, dass ich fast die gesamte Woche nicht da gewesen war und diesen neuen Spielzug gegen eine ganz bestimmte Formation der Defense noch nie gelaufen war. Das machte aber keiner. Ich wollte Bill gerade antworten, mir lag es auf der Zunge, aber am Ende ließ ich es lieber bleiben und stattdessen seine Tirade über mich ergehen. Auch wenn ich wusste, dass mein Head Coach im Unrecht war. Trotzdem schaffte es Belichick in diesem Augenblick, mir das Gefühl zu vermitteln, meine Teamkollegen im Stich gelassen zu haben. Ich war von mir selbst genervt und fürchtete ein Stück weit auch um meinen Job.

In den Tagen und Wochen danach veränderte sich allerdings der Depth Chart auf meiner Position – und zwar zu meinem Vorteil. Am Anfang war ich ja nur der achte Tackle gewesen, kurze Zeit danach schon der sechste und als ich am Ende des Trainingslagers in den Meetingraum kam und mir den Chart anschaute, war ich auf einmal schon der dritte Tackle. Hinter den erfahrenen Matt Light als Left Tackle und Nick Kaczur als Right Tackle. Ich war der sogenannte Swing Tackle. Wenn Light oder Kaczur etwas passieren würde, müsste ich ihre Position übernehmen. Egal, ob links oder rechts.

Der damalige Left Tackle Light war nicht nur ein herausragender Spieler, sondern auch ein extrem lustiger Vogel. Es gab in den folgenden Jahren bei den Patriots einige sehr komische Streiche, die auf sein Konto gingen. Auf dem Gelände der »Pats« herrschte beispielsweise absolutes Handyverbot. Wir durften es zwar mitbringen, mussten es aber eigentlich komplett ausschalten. Die meisten Spieler stellten es wenigstens lautlos, damit es nicht klingelte. Trotzdem war es besser, sich nicht dabei erwischen zu lassen, wenn man doch mal auf sein Handy schaute. Dann wurde Belichick richtig sauer. Er war der Meinung, dass wir die Zeit, in der wir mit Twitter, Instagram oder SMS-Schreiben beschäftigt waren, verschwenden würden und sie lieber mit unserem Playbook verbringen sollten, um zu lernen und besser zu werden. Selbst wenn es vielleicht nur fünf Minuten wären. Ab und zu klingelte dann zwar mal ein Handy im Locker Room, doch das ließ er irgendwie durchgehen. Aber im Meetingraum war es ein absolutes »No Go« und eine echte Katastrophe. Das sollte uns Spielern lieber nicht passieren. In meiner Anfangszeit bei den Patriots nahmen sich Light und ein paar andere Teamkollegen eines Tages das Handy von Offensive-Line-Spieler Ryan Wendell und erlaubten sich damit einen üblen Scherz. Sie gingen vor dem Meeting der Offensive Line in den Raum, stellten das Telefon auf laut und klebten es mit Klebeband unter seinen Stuhl. Light schmuggelte sein eigenes Handy dann ebenfalls mit und rief Wendell während des Meetings an. »Wendy«, so sein Spitzname, war einer der Ersten, der sich umdrehte und sich schon hämisch freute, dass jetzt gleich einer großen Ärger bekommen würde. Doch auf einmal entglitten ihm sämtliche Gesichtszüge, als er merkte, dass es ja sein Handy war, das da gerade klingelte. Er durchsuchte sofort alle seine Taschen und fiel vor lauter Hektik sogar vom Stuhl. Wendell dachte ja, dass er sein Handy irgendwo in der Kabine gelassen hatte. Scar, der gerade seinen Vortrag hielt, wurde immer ungehaltener und stauchte Wendell vor allen richtig heftig zusammen. Als er dann irgendwann sah, dass das Telefon am Stuhl klebte und die

4 Ein deutscher Rookie als Bradys Bodyguard

anderen sich mit »Wendy« nur einen Scherz erlaubt hatten, beruhigte sich Scar langsam wieder und fuhr mit seiner Rede fort.

Light saß bei den Meetings der Offensive Line vor dem Pult von Scarnecchia, das ganz hinten im Raum platziert war. Dort stand auch ein Computer, an den Light, wenn er sich umdrehte und nach hinten griff, herankam. Also besorgte er sich eines Tages einen USB-Stick, der, wenn man ihn einsteckte, dafür sorgte, dass die Maus total verrücktspielte, sich plötzlich irgendwelche Programme öffneten oder dass wenn Scar etwas in Word verbessern wollte, auf einmal anstatt Buchstaben Musiknoten auf dem Desktop erschienen. Als das immer wieder passierte, wurde Scar richtig böse. Er holte jedes Mal den technischen Support, der konnte jedoch nie etwas feststellen – Light hatte den USB-Stick bis dahin längst wieder rausgezogen. Das ging das ganze Jahr so weiter. Scar war davon fürchterlich genervt und der technische Support der Patriots wollte schon der Firma kündigen, die die spezielle Software für unsere Coaches auf den Computern installierte. Doch irgendwann vergaß Light einmal, den USB-Stick rauszuziehen. Der Support sah das, verriet ihn aber nie. Gut möglich, dass die Coaches bis heute nicht wissen, warum die Computer monatelang verrückt spielten.

Aber damit nicht genug. Light ließ sogar mal einen unserer Rookies verhaften. Es gab damals ein offizielles Event, zu dem er den Rookie mitnahm. Vorher jedoch suchte Light sich einen kleinen Jungen mit seiner Mutter und zwei Polizisten, die er in seinen Streich einweihte. Als Light mit dem jungen Nachwuchstalent bei der Veranstaltung ankam, zeigte genau dieser Junge auf unseren Rookie und rief zu seiner Mutter: »Dieser Typ hat mich gerade getreten.« Zu allem Überfluss hatten sie dem Kind im Vorfeld noch einen falschen Gips am Bein verpasst, sodass er schwer verletzt aussah. Obwohl unser Rookie natürlich alles abstritt, kam die Polizei und nahm ihn wegen Körperverletzung fest. Als er dann in Handschellen zum Polizeiauto gebracht wurde, ging Light zu den beiden Polizisten, seinen Komplizen, und fragte, ob man die ganze Sache denn nicht noch anders lösen könnte. Der Rookie heulte mittlerweile schon hemmungslos und hatte riesige Angst, dass er bei den Patriots entlassen würde, bevor es für ihn als Neuling in der NFL überhaupt richtig losging. Die Polizisten spielten noch einen Augenblick mit und fragten ihn was er ihnen denn anbieten könnte. Daraufhin wollte er ihnen alles geben – von Freikarten bis zu originalen Spielertrikots der Patriots. Irgendwann wurde die Situation aufgelöst und alle lachten sich kaputt – außer der Rookie, der immer noch unter Schock stand und nicht so recht wusste, wie ihm gerade geschehen war.

Auch vor den wichtigen Trainingslagern der Patriots in der Vorbereitung auf die neue Saison machte Light nicht halt. Dort wurde der sogenannte Two-Minute-Drill trainiert. Dabei wurde simuliert, dass wir im Spiel kurz vor Schluss zurücklagen und innerhalb kürzester Zeit punkten mussten. Dafür wurde neben dem Trainingsplatz eine riesige Uhr installiert, auf der wir sahen, wie die Zeit ablief. Außerdem wurde alles gefilmt, damit wir die Spielzüge im Nachhinein in den Meetings besprechen konnten. Da bei diesen Trainingslagern Zuschauer erlaubt waren und uns täglich rund 20.000 Fans bei den Einheiten beobachteten, lud Light eines Tages einen Freund von sich ein, der sich zum Affen machen sollte. Er platzierte ihn während der Übung zum Two-Minute-Drill auf der Zuschauertribüne direkt neben der bereits erwähnten Uhr. Light wusste natürlich, dass sein Freund so immer im Bild der Kamera sein würde, die regelmäßig zwischen Feld und Uhr hin und her schwenkte. Da stand dieser Typ nun in kurzen Hosen und viel zu engem T-Shirt, sah aus wie eine Cheerleaderin und machte Hampelmänner. Aber nicht nur das. Er hatte auch selbstgemalte Schilder mitgebracht. Auf einem stand in großen Lettern: »Put some mayo on my buns.« Auf deutsch: »Schmier mir ein bisschen Mayonnaise auf meinen Hintern.« Das Lustige daran: Wir hatten einen Spieler im Team namens Jerod Mayo. Auf einem anderen Schild stand: »Tom, I'm open. Hit me in the slot.« Also: »Tom, ich bin frei. Wirf mir in meinen Hintern rein.« Auf jedem Schild standen solche zweideutigen, vulgären Anspielungen. Light hatte uns das im Vorfeld natürlich nicht gesagt, aber als wir uns dann die Trainingseinheit im Meeting auf Video anschauten, sahen wir es alle. Da wir konzentriert sein sollten, versuchten wir uns das Lachen zu verkneifen. Zumal Belichick vorne stand und nichts dazu sagte. Er ging immer wieder nur auf die Spielzüge beim Two-Minute-Drill ein, erwähnte den Verrückten im Bild aber mit keiner einzigen Silbe. Wir dachten nur: »Sieht unser Head Coach das nicht oder will er es nicht sehen?« Ich weiß es bis heute nicht. Belichick zog stur sein Ding durch und ließ sich von Lights Kumpel nicht aus der Ruhe bringen.

Aber nicht nur Light, sondern auch Kaczur war bei der Patriots und generell in der NFL kein unbeschriebenes Blatt. Allerdings auf eine andere Art und Weise. Er hatte mit Drogenproblemen zu kämpfen und wurde zwischenzeitlich sogar einmal wegen illegalen Drogenbesitzes von der Polizei festgenommen. Ich kann allerdings nur Gutes über Nick berichten. Er nahm mich von Anfang an an die Hand, gab mir Tipps und stand mir jederzeit mit Rat und Tat zur Seite. Ich hatte ihn nicht einmal danach gefragt. Nick hat das von sich aus gemacht, er wollte mir als Rookie einfach nur helfen. Und das alles auch noch vor dem Hintergrund, dass ich der dritte Tackle war und als junger Rookie ja nur darauf wartete, seinen Job auf dem Rasen zu übernehmen. Das alles war ihm aber völlig egal, er hat diesen Konkurrenzkampf einfach ausgeblendet. Das kam mir natürlich unglaublich zugute und ich bin ihm auch heute noch dankbar dafür.

Denn um es vorwegzunehmen: Am Ende meiner ersten Saison in New England kam es tatsächlich so, dass ich Nicks Platz im Starting Line Up übernahm. Während einer Trainingseinheit nahm ihn der Coach zu einem längeren Gespräch zur Seite und teilte ihm dabei mit, dass er künftig raus sei und ich ab sofort für ihn von Beginn an spielen würde. Nach all dem, was Nick für mich getan hatte, fühlte ich mich schlecht. Auf der anderen Seite ist so etwas Teil des Geschäfts und am Ende ging es ja genau darum, mir seinen Platz im Team zu erkämpfen. Ich ging dennoch zu ihm und sagte: »Nick, ich bin dir wirklich extrem dankbar für alles, was du in den vergangenen Monaten für mich gemacht hast. Das ist eine unangenehme Situation für mich, deinen Platz jetzt zu übernehmen.« Darauf antwortet Nick nur: »Mach dir darüber mal keine Sorgen. So ist der Sport. Aber tu mir bitte einen Gefallen: Irgendwann wird hier wieder einmal ein neuer Junge durch den Locker Room laufen. Dann nimmst du ihn bitte unter deine Fittiche und hilfst ihm, sich zurechtzufinden.« Das ging mir sehr nahe. Ich habe mir das auch wirklich zu Herzen genommen und später in meiner Karriere immer so gemacht.

Ich hatte mir damals zu Beginn der Preseason, bei einem der ersten Zusammentreffen zwischen den Rookies und den Veteranen, genau angeschaut, wer schon am längsten bei den Patriots spielte. Damals war das Running Back Kevin Faulk. Er spielte zu diesem Zeitpunkt schon elf Jahre dort und war der letzte Patriot im Team, der bereits vor der Belichick-Ära bei New England angeheuert hatte. Ich ging also zu ihm und fragte ihn: »Sag mal, was muss ich machen, um so lange hier zu bleiben wie du?« Er antwortete ohne zu zögern: »Versuche einfach, jeden Tag früher hier auf dem Trainingsgelände zu sein als ich.« Das habe ich dann auch getan. Aber es war wirklich hart. Denn die ersten Meetings begannen um 8 Uhr, also war ich um 7 Uhr da. Zum Teil auch schon um 6:30 Uhr, weil ich genug Zeitpuffer haben wollte, um im Notfall auch noch zu Fuß zum Stadion kommen zu können. Zum Beispiel wenn das Auto mal nicht angesprungen oder etwas anderes passiert wäre. Zu Beginn ging das alles aber noch nicht, weil ich anfangs kein eigenes Auto hatte und uns jeden Tag ein Kleinbus immer zur gleichen Zeit zum Training abholte. Also kaufte ich mir recht schnell ein eigenes Auto, damit ich früher am Trainingsgelände sein konnte und nicht auf den Bus angewiesen war. Pünktlichkeit war für mich schon immer extrem wichtig. Um 7 Uhr stand Faulk allerdings schon unter der Dusche, hatte sein erstes Workout hinter sich und war bereits in der Sauna. Die Konsequenz: Ich musste noch früher kommen. Ab diesem Zeitpunkt pendelte es sich ein, dass ich jeden Tag zwischen 5:30 und 6 Uhr auf dem Trainingsgelände ankam. Ich war um diese Uhrzeit einer der Ersten oder zum Teil sogar der Allererste im Locker Room. So hatte ich schon rund zwei Stunden Arbeit hinter mir, bis es überhaupt richtig losging. Meine Hoffnung damals war, dass es sich über die Jahre auszahlen würde, wenn ich mehr arbeitete als viele andere im Team. Meine Philosophie lautete: »Outwork everybody«. Niemand sollte härter oder mehr arbeiten als ich. Vielleicht mal genauso viel, das könnte ich dann nicht ändern. Aber auf keinen Fall mehr. Das zog ich dann auch meine gesamte Karriere genau so durch. Denn unter dem Strich trainierst du in der NFL jeden Tag auch ein Stück weit gegen einen Konkurrenten, den du im Zweifelsfall noch gar nicht kennst. Es kommen jedes Jahr Spieler, die deinen Platz im Team haben wollen. Diese Jungs waren vielleicht noch am College oder bei einem anderen Klub, konnten aber schon bald zu einer Gefahr werden. Und dann wollte ich mir nicht vorwerfen müssen, nicht hart genug gearbeitet zu haben. Ich wollte sie übertrumpfen und nicht an mir vorbeiziehen lassen. Das war immer mein Ziel.

Quarterback Tom Brady war damals schon das Gesicht des Teams, eine absolute Respektsperson. Light kam eines Tages zu mir, drückte mir ein Brady-Trikot in die Hand und meinte: »Geh damit mal rüber zu Tom und lass es dir unterschreiben.« Light brauchte das Trikot für seine Stiftung, für wohltätige Zwecke, und war in diesem Moment einfach zu faul, mal schnell selbst zu Tom rüberzulaufen. Mir war das allerdings schon ein wenig unangenehm. Aber was willst du als Rookie machen? Also lief ich zu Brady und sagte kurz und knapp: »Matt Light hat gesagt, ich soll mir von dir dieses Trikot unterschreiben lassen. Das ist nicht für mich.« Ich wollte einfach nicht, dass es so aussah, als ob der Rookie schon nach ein paar Tagen auf Beutejagd ging. Aber am Ende war das alles überhaupt kein Problem. Brady grinste, meinte kurz »Ja, klar«, unterschrieb das Trikot und das war's. Kurz und schmerzlos. Er war total sympathisch. So, wie ich ihn an meinem ersten Tag in Foxborough auch kennengelernt hatte. Da hatte er mir die Hand geschüttelt, mich begrüßt, sich selbst kurz vorgestellt und direkt meinen Namen gewusst. Brady war nicht davon ausgegangen, dass ich ihn kannte. Trotz seiner Popularität. Er kam rüber wie ein ganz gewöhnlicher Typ. Auf dem Platz sah das natürlich anders aus. Da war Tom nach wie vor erfolgsbesessen und sehr ehrgeizig. Da solltest du dir als Mitspieler lieber keinen Fehler erlauben. Denn den erlaubte er sich selbst auch nicht. Auch in den täglichen Trainingseinheiten war Brady immer hochmotiviert. Er nahm uns in der Kabine zum Beispiel immer unseren Hacky Sack weg. Mit dem machten wir Jungs von der Offensive Line uns manchmal ein bisschen warm, aber Brady störte das. Er meinte dann immer, dass wir uns doch lieber vor dem Training noch ein bisschen ausruhen und uns unsere Kräfte besser einteilen sollten. Außerdem würde uns allen ein weiterer Blick auf die Coaches-Filme als Vorbereitung auf den kommenden Gegner sicherlich auch nicht schaden. Brady sagte solche Dinge mit einem Lächeln im Gesicht, aber uns war allen klar, dass er das durchaus ernst meinte.

Ich habe in meinem Rookie-Jahr bei den Patriots versucht, sehr viel zu beobachten. Vor allem meine erfahrenen Teamkollegen. Denn die hatten bereits über Jahre hinweg ein System für sich entwickelt, wie sie sich in der NFL selbst zu Höchstleistungen treiben konnten. Für mich war zum Beispiel interessant, wie sie mit Massagen, Akupunktur, Yoga oder Pilates umgingen. Wie stand es mit dem Eis-Bad und wie sah es generell mit verschiedenen Reha-Maßnahmen aus? Auch ihre Ernährung und vor allem wann, wie und was sie trainierten interessierte mich sehr. Zumal die Patriots uns in ihrem Trainingszentrum modernste Gerätschaften zur Verfügung stellten. Dort gab es zum Beispiel Sessel, die den Lärm um dich herum wegblockten, damit du dich besser konzentrieren konntest. Oder es gab einen Raum voll mit Matratzen, für einen eventuellen Mittagsschlaf. Mir ging es bei allen meinen Beobachtungen um viele Kleinigkeiten, die ich am Ende dann auch für mich genutzt habe. Ich schaute mir von jedem ein bisschen was ab und adaptierte es für mich und meinen Körper. Jedenfalls all das, was mir Sinn zu machen schien. Es dauerte beispielsweise bis zu meinem dritten Jahr in der NFL, bis ich mir Massagen geben ließ. Ich hielt das lange Zeit für unnötig. Irgendwann habe ich mich doch ein- bis zweimal die Woche behandeln lassen. Und bei mir reifte auch immer mehr das Bewusstsein: »Don't be cheap on your body.« Denn mit meinem Körper verdiente ich mein Geld. Wenn der irgendwann hinüber gewesen wäre, wäre es das auch ganz schnell mit der Footballkarriere gewesen.

Mein persönlicher Tagesablauf hat sich ebenfalls schon während meiner Rookie-Zeit entwickelt. Ich ging jeden Tag zwischen 20:30 und 21 Uhr ins Bett und stand morgens um 5 Uhr wieder auf, damit ich etwa eine halbe Stunde später zum Trainingsgelände aufbrechen konnte. Mir war wichtig, dass ich mindestens meine acht Stunden Schlaf bekam. Ich war auch einer der wenigen Spieler, die in den Meetings nie eingeschlafen sind. Einige bei uns im Team verließen sich vielleicht ein bisschen zu sehr auf ihr Talent, kümmerten sich nicht so intensiv um ihren Körper und waren jeden Tag erschöpft und müde. Das war ich auch, aber ich konnte in diesem dunklen Raum mit seiner großen Leinwand trotzdem die Augen offen halten. Allerdings fing ich irgendwann an, ohne Ende Kaffee zu trinken. Andere kauten Kautabak, damit sie zwischendurch mal spucken und sich so wachhalten konnten. Diese Müdigkeit war tatsächlich ein Problem. Vor allem am Tag nach den Spielen. Denn ich konnte in den Nächten nach den Partien nie schlafen. Eines der Probleme waren für mich die umgeknickten Fingernägel. Diesen Schmerz spürte ich erst nachts, wenn der Körper zur Ruhe kam. Das war schon extrem unangenehm. Außerdem sah es durch das Blut immer so aus, als ob ich dreckige Fingernägel hätte, denn nachdem sie umgeknickt waren, wurde der Finger unter den Nägeln richtig schwarz.

Ich kam also morgens gegen 5:30 Uhr bei den »Pats« an, trank meine erste Tasse Kaffee des Tages und dann ging es ab in die Hot Tub. Denn wenn du in Foxborough vor allem im Winter bei Eis und Schnee schon so früh morgens am Trainingsgelände ankamst, warst du froh, wenn du dich nochmal aufwärmen konntest. Aber natürlich war das nicht der einzige Grund. Das heiße Wasser war auch der erste Schritt, die Muskulatur zu lockern, die von der harten Saison sehr steif wurde. Ich setzte mich danach noch einige Zeit aufs Fahrrad, dehnte mich ausführlich und dann ging es ab in den Kraftraum. Oder ich sah mir Coaching-Filme an. Vor allem während der Saison. Das heißt, dass ich mich zum Teil alleine in den großen, dunklen Meetingraum der Offensive Line setzte und verschiedene Spielsysteme unserer Gegner auf der großen Leinwand studierte. In der Hand immer eine Fernbedienung, damit ich mir die verschiedenen Situationen hin und her spulen, aus unterschiedlichen Winkeln oder in Slow Motion anschauen konnte. Normalerweise sah ich mir immer schon die nächsten Gegner an, wer meine direkten Gegenspieler sein könnten und wie sie sich in unterschiedlichen Situationen verhielten. Während der Trainingslager in der Offseason machte ich dieses intensive Video-Studium aber auch. Allerdings aus einem anderen Grund: Ich habe unsere eigenen Defensive Ends studiert. Es nutzte ja nichts, wenn ich mich da schon auf die Buffalo Bills, unseren ersten Gegner in der Regular Season 2009, vorbereitet hätte. Denn in dieser Zeit ging es in der NFL zunächst nur darum, einen Platz im endgültigen Team zu ergattern. Also musste ich in dieser Phase erst einmal unsere Defensive Ends schlagen, also besser sein als sie.

Ich saß dann also da und studierte alle Kleinigkeiten. Vor allem die vielen verschiedenen Spielzüge schaute ich mir immer wieder an. Wenn ich zum Beispiel als rechter Tackle eingesetzt wurde und meinen Job richtig gut machen wollte, musste ich auch wissen, was der linke Tackle machte – falls ich die Seiten mal wechseln musste –, oder der rechte Guard, sowie der Center. Denn falls sich das System der gegnerischen Defense mal änderte, musste ich schnell darauf reagieren können. Da ist im Spiel selbst nicht viel Zeit zum Nachdenken. Du musst also alles im Kopf haben, alle Eventualitäten beherrschen. Aber als Rookie kannst du das natürlich noch nicht. Da konzentrierst du dich zunächst einmal auf deine Position und schaust, dass du da alles richtig machst. Über die Jahre kommt dann mehr Erfahrung dazu und dein Bild wird immer breiter. Je schneller du nämlich im Kopf bist, desto langsamer kommt dir das Spiel selbst vor. Da geht es am Ende um Erfahrungswerte, die du als Rookie noch nicht haben kannst. Ich wollte sie aber von Beginn an aufholen, machte deshalb auch eine Überstunde nach der anderen. Denn mit dem Studieren der Systeme auf der großen Leinwand wollte ich mir letztlich Sicherheit für die anstehenden Spiele holen.

Während der Trainingscamps mussten die Rookies unter Belichick immer einmal das sogenannte Slip and Slide machen. Allerdings kündigte er es nicht vorher an, sondern überraschte die Neulinge damit. Für das Slip and Slide wurden Teile des Rasens stundenlang nass gemacht, damit sie richtig schön matschig waren, und dann mussten die Rookies dort in voller Montur Fumbles recovern. Belichick schmiss dafür die Bälle in den Matsch und die Rookies mussten den Rasen entlangrutschen. Dabei schoben sie natürlich das ganze Wasser und den Matsch vor sich her und waren von Kopf bis Fuß total nass und dreckig. So mussten sie danach auch noch zwei Stunden lang normal trainieren. Brady stand meistens mit dem Schlauch in der Hand daneben, jubelte und spritzte noch mehr Wasser auf den Rasen und die Spieler, die versuchten, den Ball festzuhalten oder zu erobern. Eine Tradition bei den Patriots, die Belichick jedes Jahr aufs Neue wiederholte.

Und obwohl Belichick ein sonst eher strenger Head Coach war, wollte er die Einheiten in den anstrengenden Trainingslagern auch ein bisschen lockerer gestalten. So war es zum Beispiel Tradition, dass am Ende einer Einheit in den Trainingscamps zwei möglichst fette Spieler, die eigentlich keinen Ball fangen konnten, jeweils eine Chance bekamen, einen Punt zu fangen. Das waren meistens zwei Rookies und in meinem ersten Jahr musste ich auch ran. Wenn der

Punt gefangen wurde, hatten wir alle das letzte Meeting des Tages frei. Da ging es immerhin um mehrere Stunden. Scar kam damals zu mir gelaufen und meinte mit einem verschmitzten Grinsen im Gesicht: »Wenn du den Ball nicht fängst, bringe ich dich um. Das weißt du hoffentlich.« Natürlich meinte er das nicht ernst. Aber über einen früheren Feierabend hätten sich natürlich alle gefreut. Ich stand also mitten auf dem Rasen und das gesamte Team sowie 20.000 Fans auf den Tribünen rund um den Trainingsplatz starrten mich an. Der Ball wurde von unserem Punter hoch in die Luft geschossen und ich konnte ihn tatsächlich mit etwas Glück fangen. Alle meine Teamkollegen lagen sich in den Armen und jubelten. Ich hatte mit meinem Catch dafür gesorgt, dass alle nach diesem Training direkt nach Hause gehen durften. Da die NFL diese Szene gefilmt hatte, sah ich Jahre später, dass Belichick nach meinem Catch sagte: »Ich hätte nie geglaubt, dass er diesen Ball fängt. Nie im Leben. Als ob ich den Jungs wirklich frei geben wollte.« Ich weiß natürlich nicht, ob er das ernst gemeint oder einfach nur im Spaß gesagt hatte. Wahrscheinlich ein bisschen von beidem. Für mich als Rookie war es aber ein schönes kleines Erfolgserlebnis. Zumal Belichick mit dieser Aufgabe wieder einmal überprüfen wollte, wie wir Neulinge mit Druck umgingen. Vor allem, wenn mehr als 20.000 Augenpaare nur auf uns gerichtet waren.

 Und als alle Trainingslager dann endlich beendet waren, hatte ich es als Rookie tatsächlich als dritter Tackle in den endgültigen Kader geschafft.

 Vor dem Saisonstart hatte der Coaching Staff Codewörter entwickelt, die letztlich eher Namen für spezielle Personengruppen waren. Die Codewörter wurden genauen Gruppen von Spielern zugeordnet, die sofort auf den Rasen kommen mussten, wenn diese Wörter fielen. Brady als unser Quarterback und Anführer auf dem

Rasen bekam die Codewörter von der Seitenlinie aus via Kopfhörer auf die Ohren gesagt und gab sie uns als Team auf dem Spielfeld dann weiter. Meine Codewörter hatten alle etwas mit New York zu tun. Also immer dann, wenn ich »New York«, »Yankee«, »Bronx« oder sonst ein Wort hörte, das mit dem Big Apple zu tun hatte, setzte ich meinen Helm auf und sprintete aufs Feld. Dieses New-York-Package war ein sogenanntes Heavy Package. Dann waren immer die besonders schweren Jungs auf dem Rasen. Ich persönlich wurde bei diesen Spielzügen als dritter Tackle auf der Postion des Tight Ends eingesetzt und spielte damit neben dem linken oder dem rechten Tackle. Meine Aufgabe war es, zusätzlich gegnerische Spieler zu blocken.

Schon vor dem ersten Preseason-Spiel, also gut vier Wochen vor dem offiziellen Saisonstart, wurden alle Abläufe noch einmal haarklein geprobt. Und zwar nicht auf dem Trainingsplatz, sondern direkt im Stadion. Das Umziehen im Locker Room, das Warmmachen, die Halbzeit, einfach alles. Sogar Fans durften ins Stadion kommen. Die Patriots luden alle Jahre wieder die Einwohner Foxboroughs ins Stadion ein. So konnte Belichick ein richtiges Spiel simulieren und der Klub den Menschen der Stadt auch noch etwas Gutes tun. Es war wie die Generalprobe im Theater. Da wurde nichts dem Zufall überlassen. Jeder Schritt wurde von den Coaches im Vorfeld sehr detailliert durchgeplant, wie eine Art Choreografie. Alle mussten genau wissen, was sie wann beim Aufwärmen vor der Partie zu machen und wo sie zu Beginn des Spiels von der Kabine aus hinzulaufen hatten. Trotzdem war ich am ersten Spieltag der Regular Season zu Hause gegen die Buffalo Bills aufgeregt. Meine Eltern waren extra aus Deutschland angereist und Lindsey saß natürlich auch auf der Tribüne. Es war schon ein cooles Gefühl, zum ersten Mal als Profi in so ein riesiges Stadion einzulaufen. Im

College in Houston waren an richtig guten Tagen vielleicht 20.000 Zuschauer da, hier in Foxborough feuerten uns jetzt auf einmal gut 70.000 Fans an. In diesem Moment denkst du schon, dass du einen Meilenstein in deiner Karriere erreicht hast. Dabei war es erst der erste Spieltag als Profi. Und als Rookie habe ich damals noch nicht daran zu denken gewagt, dass ich insgesamt acht Jahre NFL-Profi sein und dabei zwei Super Bowls gewinnen würde. Das wäre zu diesem Zeitpunkt ja auch ziemlich unrealistisch gewesen.

Für mich wurde es dann bereits am fünften Spieltag so richtig ernst. Wir spielten im altehrwürdigen Mile High Stadium bei den Denver Broncos und Matt Light verletzte sich. Ihm sprang die Kniescheibe raus. Ich beobachte das Spielgeschehen gerade aufmerksam von der Seitenlinie aus, als Scar mich auf einmal anschrie: »Hey! Los jetzt, geh rein!« Ich setzte sofort meinen Helm auf und rannte auf den Rasen. Von jetzt auf gleich war ich also auf einmal Left Tackle. Auf der Uhr standen noch vier Minuten. Zu wenig, um die Partie zu drehen. Wir verloren bei den Broncos. In der Woche darauf ging es für uns zu Hause gegen die Tennessee Oilers. Das Team hieß eigentlich Titans, allerdings war das damals ein sogenanntes Throwback Game. Also spielte Tennessee unter seinem alten Namen und wir wiederum unter dem alten Patriots-Logo. Da Light verletzt ausfallen würde, musste ich als Starting Left Tackle beginnen. Mein erstes Spiel von Beginn an als NFL-Profi. Am sechsten Spieltag der Regular Season 2009. Diese Tatsache machte allerdings den einen oder anderen Coach bei den Patriots ein bisschen nervös. Denn Tennessee hatte mit Kyle Vanden Bosch einen richtig guten Pass Rusher in ihren Reihen, der mir als Tackle viele Probleme bereiten könnte. Und somit auch unserem Quarterback Tom Brady, den ich beschützen sollte. Zu allem Überfluss fing es kurz vor der Partie in Foxborough auch noch heftig an zu schneien, das Spielfeld war bedeckt von rund zehn Zentimeter Neuschnee. Das wiederum machte mich ein wenig nervös. Denn ich hatte noch nie auf Schnee gespielt. Da nahm mich Nick Kaczur zur Seite und meinte: »Junge, das ist das Beste, was dir je passieren konnte.« Und Nick fuhr fort: »Die Defensive Ends wie Kyle Vanden Bosch sind im Schnee nicht mehr so schnell, weil sie auf diesem glitschigen Untergrund nicht so explosiv sein können. Das macht es für dich einfacher, sie zu blocken.« Es kam tatsächlich so. Ich machte ein richtig gutes Spiel, ließ gegen den gefürchteten Pass Rusher der Tennessee Oilers mithilfe des Schnees nichts anbrennen und konnte so viel Selbstvertrauen für die kommenden Aufgaben tanken.

Das war auch gut so. Denn schon in der Woche darauf spielten wir bei den Indianapolis Colts mit Defensive-End-Topstar Dwight Freeney. In diesem Fall war er mein direkter Gegenspieler. Er war damals auf dem Höhepunkt seiner Karriere und hatte vor dem Spiel gegen uns in jeder Partie dieser Saison mindestens einen Quarterback Sack. Bei uns machte sich deswegen Nervosität breit. Ich saß in der Woche vor dem Spiel bei uns in der Cafeteria und der damalige Offensive Coordinator der Patriots, Bill O'Brien, kam zu mir und meinte: »Und, bist du bereit?« Ich antwortete: »Ich gebe dir alles, was ich habe.« Darauf O'Brien: »Ich brauche mehr als 100 Prozent.« Die Panik vor der Begegnung mit den Colts war also durchaus spürbar. Auch wenn die Coaches es eigentlich nicht zeigen wollten. Aber der Gedanke, dass Freeney gegen einen Rookie, also mich, spielen würde, machte ihnen schon Sorgen. Ich glaubte aber an mich, wusste, was ich konnte. Außerdem hatte ich gerade erst ein gutes Spiel gemacht. Ebenfalls gegen einen starken Pass Rusher.

Das Spiel bei den Colts war ein Monday Night Game und der US-amerikanische Sportsender ESPN übertrug die Partie live. Als wir damals am Stadion ankamen, mussten wir noch schnell zu einer

Art Fotoshooting bei ESPN, damit sie ihren Zuschauern und den Fans im Stadion die Spieler im Head-to-Head auf dem Bildschirm zeigen konnten. Das Matchup des Tages: Freeney gegen Vollmer. Der Superstar gegen den Rookie. Na prima. Aber ich ließ mich nicht aus der Ruhe bringen, machte ein richtig gutes Spiel und gab gegen Freeney keinen Sack ab. Für ihn das erste Mal seit neun Spielen. Natürlich hat mir auch unser Play Calling ein wenig geholfen, gegen Freeney zu bestehen. Dennoch war es wohl das erste Mal, dass sie bei den Patriots dachten: »Der wird ja schneller besser, als wir das erwartet haben.« Es gab irgendwann in den Jahren danach mal eine Pressekonferenz, auf der Belichick meinte, dass sie nach dem Draft damals davon ausgegangen waren, dass ich noch eine ganze Weile bräuchte und noch sehr viel lernen müsste. Er hätte mein Potenzial zwar gesehen, aber kaum daran geglaubt, dass ich so schnell so gut spielen würde. Ein großes Kompliment. Und das von jemandem, der mit Lob sonst eher sparsam umgeht.

Die Saison nahm dann ihren Lauf und schon im nächsten Spiel nach meinem Aufeinandertreffen mit Freeney und den Colts kam es gegen die New York Jets für mich zu einer unschönen Situation, die ich heute sicherlich anders lösen würde. Ich stand als Left Tackle auf dem Rasen und auf einmal streifte mich mein eigener Running Back bei einem Spielzug am Kopf. Überhaupt kein harter Hit. Aber auf einmal wurde meine Zunge taub und mir wurde kurz schwarz vor Augen. Ich fiel um, stand aber sofort wieder auf. Für mich war das keine große Sache, ich wollte direkt weiterspielen. Doch nach kurzer Zeit merkte ich, dass das eine Gehirnerschütterung sein musste. Ich wurde also vom Rasen geholt und direkt im Kabinentrakt untersucht. Das heutige Concussion Protocol gab es so damals noch nicht. Es war eher so, dass mir ein paar Finger vor die Nase gehalten wurden und ich gefragt wurde, wie viele es denn seien. Ich saß also in den Katakomben des Stadions und schaute mir das Spiel meiner Teamkollegen auf dem Fernseher an.

Auf einmal verletzte sich unser rechter Tackle, Nick Kaczur, am Knöchel. Da wir aber nur drei Tackles hatten und mit mir nun schon zwei verletzt waren, blieb nur noch einer übrig. Also machte sich nun ein Tight End warm, der gleich als Tackle aushelfen sollte. Das war so, als wenn heute Rob Gronkowski auf einmal Tackle spielen würde. Eigentlich unvorstellbar. Ich sah das alles, lief raus zum Spielfeld, schnappte mir meinen Helm und ging auf den Rasen. Die Coaches riefen mich noch zurück, aber ich konnte sie davon überzeugen, mich doch spielen zu lassen. Ich wollte unbedingt meine Mannschaft unterstützen, sie brauchten mich jetzt. Das war eine absolute Notsituation. Außerdem hatte ich das Gefühl, dass ich trotz der Kopfverletzung spielen könnte. Meine Coaches waren davon wenig begeistert, ließen mich am Ende aber gewähren.

Danach fiel ich allerdings zwei Wochen aus. Ich hatte starke Kopfschmerzen und spürte die Nachwirkungen der Gehirnerschütterung. Zurückblickend war das damals keine gute Entscheidung gewesen. Da gibt es aus heutiger Sicht überhaupt keine Zweifel. Aber für mich war in diesem Moment das Team entscheidend, da dachte ich nicht über mögliche Spätfolgen nach. Außerdem waren Gehirnerschütterungen damals noch kein so großes Thema, die Untersuchungen noch lange nicht so intensiv. Klar wusste man, dass Gehirnerschütterungen nicht gut für einen sind. Aber es wurde schon eher mal darüber hinweggegangen. Heute ist das natürlich alles ganz anders. Das ist auch richtig und gut so. Wenn jetzt bei einem Spieler der Verdacht auf eine Gehirnerschütterung besteht, muss er sich noch während des Spiels dem Concussion Protocol unterziehen. Dafür wird er in einem Zelt direkt am Spielfeldrand von einem medizinischen Team ersten Tests unterzogen. Sollte er diese nicht bestehen, folgen in der Kabine weitere Untersuchungen und Tests. Erst dann wird entschieden, ob der Spieler wieder auf den Rasen zurückkehren darf. Für die Missachtung des Concussion Protocols hat die NFL harte Sanktionen festgelegt. Heutzutage hätte ich also sicherlich nicht mehr so einfach aufs Spielfeld zurückkehren können. Und das völlig zu Recht.

Trotz meines zweiwöchigen Ausfalls wegen der Gehirnerschütterung durfte ich danach auch weiterhin als Starter auflaufen. Im Spiel gegen die Carolina Panthers musste ich mich wieder mal beweisen, denn ich hatte es mit Defensive End Julius Peppers zu tun. Genauso wie Freeney war er damals ein absoluter Star auf seiner Position. Peppers hatte in der Partie vor dem Aufeinandertreffen mit uns vier Sacks gehabt. Das war ein überragender Wert. Aber auch gegen ihn machte ich ein ordentliches Spiel und gab wie gegen Freeney keinen Sack ab. Da reifte bei den Coaches wohl so langsam aber sicher die Entscheidung, mir auch in Zukunft die Starter-Position anzuvertrauen. Denn als Kaczur später von einer längeren Verletzung wieder zurückkam, meinte Scar zu mir, dass ich auch weiterhin von Beginn an spielen würde und Nick ab sofort nur noch der Backup Tackle sei. Wir starteten zu diesem Zeitpunkt gerade in die Playoffs, also in die entscheidende Phase der Saison.

Wir spielten in der Wild Card Round zu Hause gegen die Baltimore Ravens und bekamen mit 33:14 richtig eins auf den Deckel. Schon im ersten Spielzug marschierte ihr Running Back Ray Rice locker durch unsere Defense und trug den Ball für 60 Yards zum ersten Touchdown des Abends in unsere Endzone. Wir schauten uns alle nur an und wussten sofort, dass das ein sehr langer Abend werden würde. Wir waren an diesem Tag chancenlos. Das war natürlich ein enttäuschendes Saisonende für das komplette Team. Aber für mich persönlich war es ein durchaus erfolgreiches Rookie-Jahr gewesen. Es waren ein krasser Lebenswandel und extrem lange zwölf Monate für mich. Ich kam damals von einer kompletten College-Saison mit zwölf Spielen, war dann beim All Star Game, reiste einen Tag später nach Florida, um mich auf den Combine vorzubereiten, wurde nicht eingeladen, absolvierte den Pro Day, flog zu sämtlichen Pre-Draft-Visits, wurde gedraftet, startete dann bei den Patriots mit einem Rookie-Mini-Camp, danach kam ein weiteres Mini-Camp, diverse Trainingslager, vier Pre-Season-Games, 16 Regular-Season-Games und die Playoffs. Das alles ohne Pause. Ich hatte zwischendurch das Gefühl, dass diese Saison nie zu Ende gehen würde.

Es war damals noch Tradition, dass die gedrafteten Rookies die Veteranen am Ende der Saison zum sogenannten Rookie-Dinner einluden. Es gab einen großen Topf und je nachdem, an welcher Stelle du gedraftet worden warst, musstest du jetzt mehr oder weniger hineinlegen. Allen Rookies war klar: Das wird richtig teuer. Allerdings wollten wir clever sein: Wir gingen vor dem Dinner zum Steakhaus unserer Wahl und ließen dort neue Speisekarten drucken, extra für unseren Abend. So wollten wir etwas vorsortieren, damit die Jungs nicht gleich die richtig teuren Weine bestellten. So weit der Plan. Als das Rookie-Dinner dann tatsächlich losging, setzte sich Tom Brady an den Tisch, grinste verschmitzt und meinte zum Kellner nur: »Nimm die Kinderkarte bitte wieder mit und bring die richtige Speisekarte.« Der Kellner zögerte einen Augenblick, aber Tom ließ nicht locker: »Ich wohne hier nebenan, ich kenne die richtige Karte. Also, bring sie bitte.« Wir Rookies schauten uns alle an und befürchteten für die spätere Rechnung wirklich das Schlimmste. Denn auf einmal wurden dann doch die richtig teuren Weinflaschen bestellt. Und zwar nicht nur eine, sondern reihenweise. Aber am Ende ging alles gut aus. Wir hatten dem Besitzer des Steakhauses im Vorfeld schon einen Scheck gegeben und der reichte für die gesamte Rechnung tatsächlich aus. Wir blieben sogar noch ein bisschen drunter, sodass der Besitzer uns Rookies noch ein paar Weinflaschen als Präsent mitgab. Ich selbst bin in den Jahren danach nicht noch einmal auf einem Rookie-Dinner gewesen. Denn ich hielt es für absolute Verschwendung und wollte auch nicht, dass die Rookies so viel Geld ausgeben. Ich habe persönlich kein Problem damit, Leute zum Essen einzuladen. Aber dann soll bitte jeder das bestellen, was er auch bestellen würde, wenn er selbst zahlen müsste. Das war beim Rookie-Dinner aber nie der Fall und das hat mich extrem gestört. Deswegen bin ich diesem Event in meiner gesamten NFL-Karriere lieber ferngeblieben. Das Geld, das dort ausgegeben wird, kann man meiner Meinung nach deutlich besser nutzen.

Einmal im Jahr gingen wir mit dem gesamten Team zu einer sehr wichtigen Wohltätigkeitsgala. Davor bekamen die Rookies jedes Mal einen auffälligen Haarschnitt verpasst. Manche bekamen nur eine Glatze, aber im schlimmsten Fall wurde den Neulingen etwas extrem Peinliches in die Haare reinrasiert. Bei Spielern, die lange Haare oder andere aufwendige Frisuren hatten, die also Jahre gebraucht hatten, um zu wachsen, wurden einfach die Augenbrauen wegrasiert. Das sah dann richtig komisch aus. Aber da mussten die Rookies durch. Sie saßen dann zwischen all den schicken Anzügen und Abendkleidern und mussten sich, entstellt wie sie waren, den zum Teil sehr einflussreichen Gästen präsentieren. Ich selbst hatte Glück – mir rasierten sie damals nur eine Glatze. Damit konnte ich im Gegensatz zu den Frisuren meiner Teamkollegen sehr gut leben.

Ich fokussierte mich nach der damaligen Saison sehr schnell wieder auf die nächste Spielzeit 2010. Denn Belichick hatte mir gesagt, dass man als Spieler den größten Sprung in seiner Leistungsfähigkeit im Übergang von seinem ersten ins zweite Jahr mache. Ich nahm ihn beim Wort. Schon drei Tage nach unserem bitteren Playoff-

Aus gegen die Ravens, das war im Februar 2010, saß ich wieder im Kraftraum und bereitete mich auf die im September startende neue Regular Season vor. Denn trotz des guten Rookie-Jahres bei den New England Patriots war mir klar: Ich konnte noch sehr viel mehr. Und das wollte ich allen beweisen.

5 »Ich spüre meine Füße nicht mehr«

Für mich war es wichtig, dort zu leben, wo ich auch arbeitete. Viele meiner Mitspieler bei den New England Patriots flogen in der Offseason nach Hause in ihre eigentliche Heimat. Zu den Eltern oder zur eigenen Familie. Ihr Hauptwohnsitz war in Städten wie Los Angeles oder Miami. Ich konnte deren Entscheidung auch absolut nachvollziehen. Denn jeden Winter wurde es in Foxborough bitterkalt und im März gab es rund um die Stadt herum heftige Schneestürme. Es ist nicht einfach dort zu leben, wenn du aus wärmeren Gefilden wie Florida, Kalifornien oder Texas kommst. Mir persönlich war das aber egal. Ich wollte eine feste Heimat haben und Deutschland war einfach zu weit weg. Außerdem wollte ich auch während der Pause weiter regelmäßig trainieren und ab einem gewissen Zeitpunkt musste ich aufgrund von Verletzungen sowieso jedes Jahr in der Offseason Reha machen, sodass ich dann nicht mehr aus Foxborough wegkam. Und natürlich wollte ich den Patriots meine Einsatzbereitschaft zeigen, indem ich fast das gesamte Jahr vor Ort war. Alle sollten sehen, dass ich an deren Konzept glaubte und es täglich versuchte umzusetzen – egal ob in der Offseason oder der regulären Saison. Das nahmen die Coaches im Trainingszentrum der Patriots wahr. Sie sahen, dass ich kaum im Urlaub war, sondern auch in der freien Zeit hart an mir arbeitete. Selbst wenn ich dann doch mal ein paar Tage im Urlaub war, buchte ich extra ein Hotel mit großem Fitnessstudio, damit ich dort trainieren konnte. Wenn ich meine Eltern in Deutschland besuchte, rannte ich auf einer Leichtathletik-Bahn in Kaarst täglich meine Runden. Ich nahm mein persönliches Trainingsprogramm immer mit und setzte es überall auf der Welt um. Mir war wichtig, nie auf der faulen Haut zu liegen und niemals meine hart erarbeitete Kraft und Kondition wieder zu verlieren. Ich wollte mich immer weiterentwickeln und war letztlich besessen davon, das Beste aus mir und meinem Körper herauszuholen.

Das Training in der Offseason tat mir gut und ich ging top vorbereitet ins erste Trainingslager vor der Saison 2010. Als Starting Right Tackle spielte ich künftig neben Stephen Neal. Der hatte eine durchaus interessante Vorgeschichte. Denn Neal war vor seiner Zeit als Footballer professioneller und vor allem erfolgreicher Ringer gewesen. Er hatte im College unter anderem den heutigen WWE-Star Brock Lesnar besiegt und war später sogar Weltmeister geworden. Football hatte Neal eigentlich nur nebenbei in der High School gespielt. Doch als er die Olympia-Qualifikation für Sydney 2000 verpasst hatte, hatte er postwendend mit dem Ringen aufgehört und ab diesem Zeitpunkt nur noch American Football gespielt. Ein richtig cooler Typ. Neal und Belichick hatten damals den gleichen Agenten und der bat unseren Head Coach darum, sich den ehemaligen Ringer mal anzuschauen. Der Agent soll Belichick damals gesagt haben, dass Neal zwar noch kein richtiger Footballer sei, dafür einer der besten Athleten, den er je gesehen habe. Das war tatsächlich so. Neal spielte unorthodox und Scar sagte einmal zu mir: »Das coache ich so nicht. Aber er darf das machen, du nicht.« Zumal Neal damit sehr erfolgreich war.

Es half mir in meinem zweiten Jahr sehr, neben so einem erfahrenen Mann zu spielen. Neal war zu diesem Zeitpunkt schon zehn Jahre in der NFL unterwegs und ich stand erst vor meiner zweiten Saison. Wir entwickelten eine gute Beziehung zueinander auf dem

Nach dem 40:0-Sieg mit den Düsseldorfer Panthern gegen die Darmstadt Diamonds im Junior Bowl 2003 in Schwäbisch Hall: Thomas McGaughey (links) und Jeff Reinebold (rechts) bieten mir an der Seitenlinie ein College-Stipendium an.

Meine Teamkollegen der Düsseldorfer Panther und ich nach dem Triumph im Junior Bowl 2003 über die Darmstadt Diamonds in Schwäbisch Hall.

Besuch aus Deutschland: In meinem »Freshman-Year« 2004 an der University of Houston kommen mein Vater Werner und meine Schwester Stephanie bei mir in Texas vorbei – natürlich beide in Houston Cougars-Kluft.

Der 4. April 2014: Meine langjährige Freundin Lindsey wird auf der Karibikinsel St. John meine Ehefrau. Quelle: Lindsay Vann

Meine Familie ist für unsere Trauung in die Karibik gereist (von rechts nach links): meine Mutter Jutta, mein Vater Werner, Lindsey und neben mir meine Schwester Stephanie und ihr Mann und mein Schwager Oliver. Quelle: Lindsay Vann

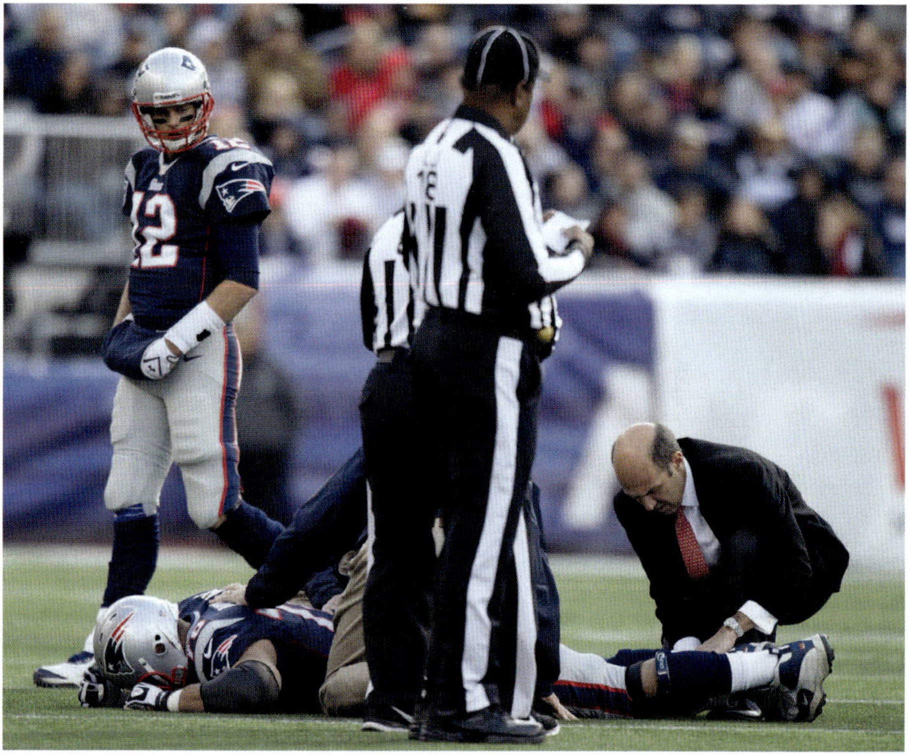

Eine Verletzung mit Konsequenzen: Nach mehrfachem Beinbruch in der Saison 2013 wurde ich von den New England Patriots auf die Injured-Reserve-List gesetzt.
Quelle: GettyImages/2013, The Boston Globe

Supermarkt-Cruising in den USA: Mit gebrochenem Bein im Elektromobil durch den Supermarkt.

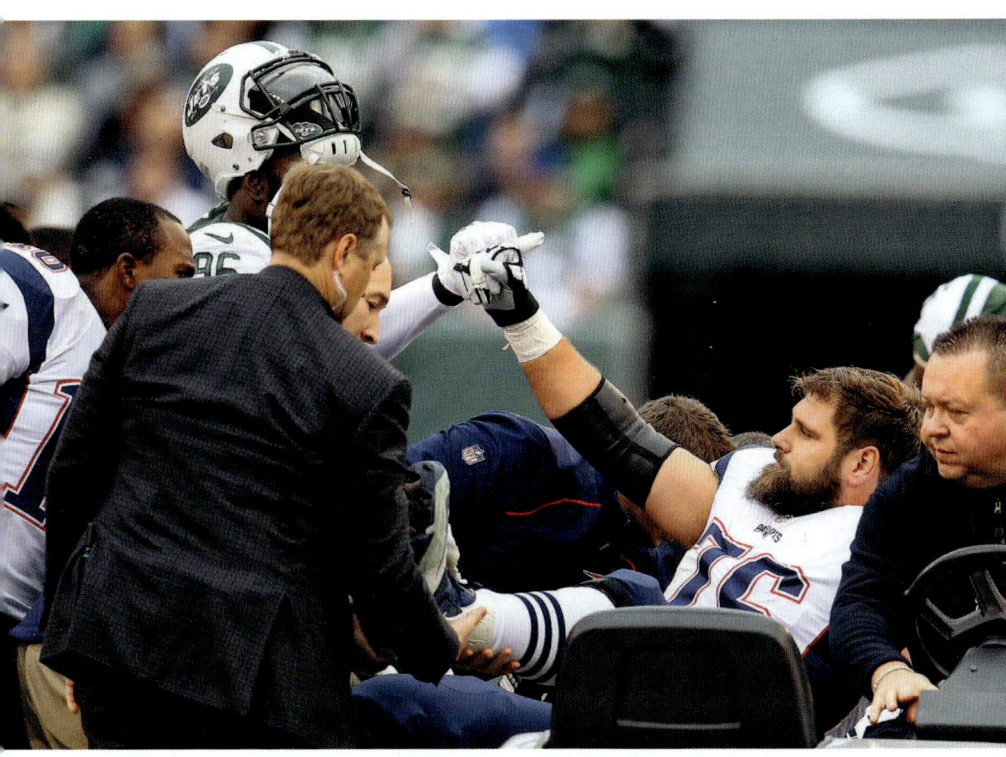

Respekt: Nach einer Verletzung im Spiel gegen die New York Jets in der Saison 2015 kommen auch gegnerische Spieler zu mir und wünschen mir eine gute Besserung.
Quelle: GettyImages/Icon Sports Wire

Endlich geschafft: Mein Teamkollege Tom Brady und ich feiern gemeinsam den Super-Bowl-Sieg 2015 gegen die Seattle Seahawks. Quelle: GettyImages/2015, The Boston Globe

Im Konfetti-Regen: Meine Offensive-Linemen-Kollegen – Marcus Cannon, Dan Connolly und Bryan Stork (von links nach rechts) – und ich, nachdem wir gerade gemeinsam den Super Bowl gegen die Seahawks gewonnen haben.

»We Got It«: Tom Brady (rechts) und ich bei der Ringzeremonie 2017 auf dem Gelände von New England Patriots-Besitzer Robert Kraft.

Mit meinem ehemaligen deutschen Teamkollegen Markus Kuhn (links) im Gillette Stadium der New England Patriots in Foxborough. Quelle: Courtesy of the New England Patriots

Der Fitmacher: Mit Patriots-Physiotherapeut Joe Van Allen bei der Ringzeremonie 2017 zu Hause bei Patriots-Besitzer Robert Kraft.

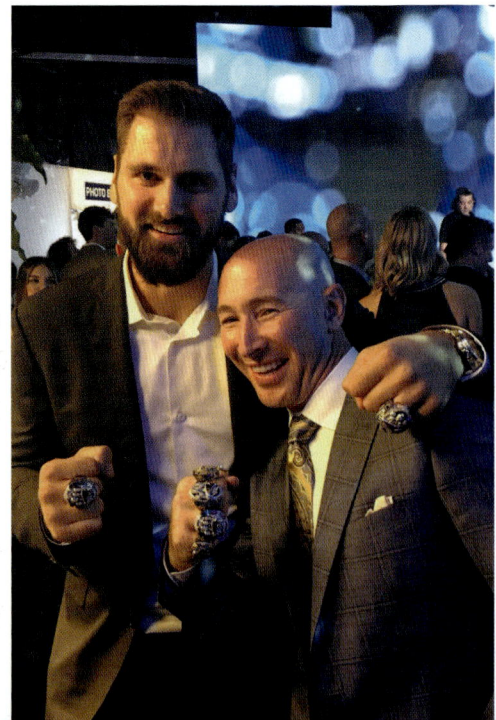

5 »Ich spüre meine Füße nicht mehr«

Rasen, wussten recht schnell, was der andere in welcher Situation machte. Manchmal warfen wir uns nur Blicke zu und der andere wusste sofort, was zu tun war. Da brauchte es zum Teil gar keine Worte mehr. Ist ja auch kein Wunder, mit den Jungs verbrachte ich während der Saison ja auch fast 24 Stunden pro Tag. Das verbindet natürlich. Stephen war es auch, der mich nach der Saison 2010 anrief und mir als Erster zur All-Pro-Auszeichnung gratulierte. Ich wusste zunächst einmal nicht, wovon er sprach. Dann googelte ich den Begriff und fand heraus, dass die Associated Press mich bereits nach meinem zweiten Jahr in der NFL zu einem der besten Spieler auf meiner Position gewählt hatte. Die Ehrung ging aus einer Umfrage unter 50 US-amerikanischen Sportjournalisten hervor. Eine wirklich tolle Auszeichnung, auf die ich mir aber nicht zu viel einbildete. Ich freute mich zwar sehr darüber, arbeitete dann allerdings weiter hart an mir, um möglichst noch besser und erfolgreicher zu werden.

In meinem zweiten Jahr bei den Patriots spielte ich alle Partien. Vor allem das Match bei den Buffalo Bills ist mir dabei in Erinnerung geblieben. Nachdem wir dort in Woche 16 klar und deutlich mit 34:3 gewonnen hatten, saßen wir abends in Buffalo am Flughafen fest. Ein Schneesturm in Boston machte unseren Heimflug unmöglich, sodass für das gesamte Team und den Betreuerstab eine Unterkunft für die Nacht gefunden werden musste. Die Verantwortlichen wurden dann in Rochester fündig. Das lag rund zwei Stunden Busfahrt von Buffalo entfernt. Dort angekommen, ging das halbe Team ins Restaurant Dinosaur BBQ und ließ es sich dort richtig gut gehen. Da waren Teamkollegen von mir dabei, die haben Whiskey getrunken wie Wasser. Am Ende des Abends kam dann der Höhepunkt – es wurde Kreditkarten-Roulette gespielt. Die Bestverdiener des Teams legten ihre Kreditkarten in einen Hut und die

Kellnerin musste eine Karte ziehen. Der Verlierer, also derjenige, dessen Kreditkarte gezogen wurde, musste den gesamten Abend für alle bezahlen. Ich war Gott sei Dank nicht beteiligt, aber ich konnte mir gut vorstellen, dass einige Jungs in diesem Moment ziemlich nervös wurden. Wenn ich mich richtig erinnere, hieß der Pechvogel damals am Ende Wes Welker. Er musste bezahlen und andere Top-Spieler wie Tom Brady oder Logan Mankins hatten mächtig Glück gehabt beim Kreditkarten-Roulette. Das war auch der erste Abend, an dem ich Brady beim Schnell-Trinken erlebte. Viele wetteten gegen ihn, dass sie ein Bierglas schneller leeren könnten als er, doch alle gingen am Ende leer aus. Brady war einfach nicht zu schlagen. Nach einer halben Sekunde war bei ihm das Glas geleert. Das war ein wirklich lustiges Erlebnis und zeigte, wie eng der Zusammenhalt innerhalb der Mannschaft war. Wir hatten sportlichen Erfolg, konnten aber auch gemeinsam Spaß haben.

Dass wir eine lustige Truppe waren, zeigte sich auch an jedem Freitag der Saison. Dann gab es den sogenannten Fat Friday. Da wurde fettiges Essen wie Chicken Nuggets, Chicken Wings, Pommes, Burger oder Pizza bestellt. Darauf haben wir uns alle immer gefreut. Wir kamen morgens schon in den Locker Room und riefen uns gegenseitig freudig zu: »It's Fat Friday again.« Zumal das Training freitags immer nur sehr kurz war und wir danach mächtig reinhauen durften – auch, wenn das unserem Ernährungsberater natürlich mächtig gegen den Strich ging. Er bestellte an einem Freitag sogar einmal gesundes Essen für uns, aber als Belichick das sah, orderte er sofort Pizza für das gesamte Team und bezahlte die Rechnung aus eigener Tasche. Der Fat Friday war einfach Tradition und sollte auch so beibehalten werden. Das alles war sehr gut für unseren Teamgeist.

Wir kamen in der Saison 2010 nach den 16 Regular Season Games erneut in die Playoffs. Wir spielten in der Divisional Round,

5 »Ich spüre meine Füße nicht mehr«

für die wir aufgrund unserer guten Bilanz nach der Regular Season gesetzt waren, gegen die New York Jets. Die hatten wir noch ein paar Wochen zuvor klar und deutlich mit 45:3 besiegt, aber in den Playoffs setzte es eine herbe 28:21-Pleite. Das war schon heftig. Schon wieder raus nach der ersten Playoff-Runde. Immerhin blieb ich persönlich die komplette Saison verletzungsfrei und konnte alle Partien durchspielen. Ich erwähne das deshalb, weil es die letzte Spielzeit sein sollte, in der das so war. Ab dann sollten Verletzungen jeglicher Art meine stetige Begleitung sein.

Nach der Saison 2010 und somit zu Beginn des Jahres 2011 folgte in der NFL zunächst einmal der sogenannte Lockout. Die NFL und die Eigentümer der 32 Teams hatten einen Vertrag mit der Spielergewerkschaft, der im Jahr 2012 ausgelaufen wäre. Die Eigentümer wollten bereits jetzt einen neuen Kontrakt aushandeln, konnten sich mit der Gewerkschaft aber nicht einigen. Als Konsequenz sperrten die Teambesitzer die Spieler einfach aus. Sie wollten warten, bis sie alle kein Geld mehr hatten und irgendwann wieder angekrochen kämen. Das war jedenfalls aus meiner Sicht der Hintergedanke der Eigentümer. Für uns Spieler hieß das im Klartext, dass wir im März 2011 vor verschlossenen Türen standen und nicht aufs Trainingsgelände der Klubs durften. Wir wurden im wahrsten Sinne des Wortes ausgeschlossen, durften mit keinen Coaches sprechen und hatten keinerlei Zugang zum Stadion. Im Prinzip waren wir arbeitslos.

Da ich mich aber trotzdem fit halten wollte, musste ich mir einen eigenen, neuen Coach suchen. So wie alle anderen Spieler auch, die in der Offseason in Foxborough geblieben waren. Wir hatten sonst jederzeit Zutritt zum Trainingszentrum der Patriots gehabt und dort den Kraftraum genutzt. Jetzt war leider alles anders. Da kam Brian McDonough ins Spiel, der Coach, mit dem ich bis heute trainiere. Ein Fitnesstrainer, der vor allem im Bereich Eishockey in Massachusetts eine Koryphäe war, allerdings auch schon mit Spielern der New England Patriots arbeitete. Wir waren damals eine Gruppe von rund 20 Leuten, die mit McDonough trainierten. In dieser Zeit knüpfte ich richtig enge Freundschaften innerhalb des Patriots-Teams. Unter anderem mit Rob Ninkovich, Jerod Mayo und auch Nate Solder, ein Tackle, der im Draft 2011 von den Patriots gepickt wurde und nun als Rookie mit unserer Gruppe trainierte. Für Nate war das natürlich keine einfache Situation. Ich hatte zwei Jahre zuvor immerhin ein Rookie-Mini-Camp gehabt, das mich auf die NFL und die Patriots vorbereitete. Er nicht. Nate musste irgendwann einfach ins kalte Wasser springen. Es war allerdings für uns alle eine komische Zeit, weil wir trainierten, ohne zu wissen, wann wir wieder zurück zum Team durften. Klar, irgendwann würde der Anruf schon kommen. Nur wann? Die Verhandlungen zwischen der NFL und der Spielergewerkschaft zogen sich weiter hin.

Wir trainierten in dieser Zeit nicht nur miteinander, sondern trafen uns traditionell auch jeden Freitagabend zum Essen. Das war für uns alle eine Art Belohnung. Von Montag bis Freitag trainierten wir alle extrem hart und an diesem einen Abend ließen wir es uns einfach mal gut gehen. Das ging monatelang so und schweißte enorm zusammen. So blöd das auch klingen mag: Der Lockout hat uns als Mannschaft damals unglaublich geholfen. Wir sind alle noch enger zusammengerückt. Ich selbst wurde in dieser Zeit zum Tier. Ich brachte rund 150 Kilogramm auf die Waage und schaffte die 200 Kilogramm beim Bankdrücken elf Mal. Ich fühlte mich so stark wie noch nie zuvor in meinem Leben. Als dann Ende Juli 2011 endlich der Anruf kam, dass die NFL-Saison starten könnte, war ich mehr als bereit.

Im dritten Spiel der Preseason gegen die Detroit Lions passierte dann allerdings ein Unglück. Bei einem Spielzug wurde unser Back-

5 »Ich spüre meine Füße nicht mehr«

up Quarterback Brian Hoyer gesacked und er fiel mir mit voller Wucht ins Kreuz. Da ich in dieser Situation gleichzeitig von vorne attackiert wurde, konnte ich nicht mehr ausweichen und mein Rücken wurde extrem überstreckt. Ich knickte richtig weg. Der Oberkörper ging nach hinten, der Rücken schlagartig nach vorne. Ich wurde sofort vom Rasen geholt, fühlte mich aber im ersten Moment gar nicht so schlecht. Ich hatte nur ein bisschen Rückenschmerzen. Das sollte sich allerdings über Nacht ändern. Als ich am nächsten Morgen aufstehen wollte, konnte ich mich kaum bewegen. Ein stechender Schmerz strahlte vom Rücken in die Beine über die Unterschenkel bis in die Füße aus. Wie bei einem Bandscheibenvorfall. Ich ließ mich sofort von den Ärzten untersuchen. Dabei entdeckten sie aber nichts Ernstes, denn es wurde zunächst einmal nichts gegen meine Schmerzen unternommen. Ich konnte mir in den folgenden Tagen aber noch nicht einmal Socken anziehen oder mich irgendwie vom Fleck rühren. Jede noch so kleine Bewegung verursachte höllische Schmerzen. Vor dem vierten Preseason-Spiel, bei dem die Starter eigentlich sowieso nicht spielen und sich für den Saisonstart schonen, kam Belichick, während ich gerade behandelt wurde, bei mir vorbei und meinte süffisant: »Du musst nicht hier rumliegen und so tun, als ob dein Rücken schmerzt. Sag doch einfach, dass du nicht spielen willst. Dann können wir das schon irgendwie regeln.« Belichick zwinkerte, wollte in dieser Situation lustig sein, aber auch ein bisschen Druck aufbauen. Dennoch ließ er mich am Ende für dieses Spiel außen vor. Alles andere wäre auch einfach nicht möglich gewesen, die Verletzung bremste mich vorerst aus.

Ich wollte mich aber nicht aufhalten lassen. Dafür hatte ich mich in der zurückliegenden Offseason einfach zu sehr gequält. Ich setzte das erste Saisonspiel bei den Miami Dolphins noch aus, spielte dann in der zweiten Woche aber zu Hause gegen die San Diego Chargers.

Danach konnte ich mich wieder kaum bewegen. Die Schmerzen wurden schlimmer und schlimmer. Mein Rücken war total steif und ich war nicht fähig, mich auch nur einen Zentimeter in irgendeine Richtung zu beugen. In dieser Phase kaufte ich mir sogar einen Socken-Anzieher. Ein Plastikgerät mit Seilen dran, über das man die Socken stülpte, um sie dann über die Füße zu ziehen. Ich saß also da, warf die Seile wie ein Lasso aus und versuchte so, mir die Strümpfe anzuziehen. Zum Teil musste mir auch Lindsey mit dem Anziehen der Socken helfen. Als mir das irgendwann alles zu blöd wurde, zog ich selbst im tiefsten Winter nur noch Flipflops an. In die musste ich mit den Füßen ja nur reinschlüpfen. Dementsprechend sah es natürlich auch in meiner Wohnung aus. Wenn mir etwas runterfiel, ließ ich es einfach liegen – oder Lindsey musste hinter mir aufräumen. Was sollte ich auch machen? Irgendwann habe ich mir zusätzlich zum Socken-Anzieher noch einen Greifarm gekauft, damit ich wenigstens ein bisschen aufräumen konnte. Geschlafen habe ich in dieser Phase auf dem blanken Holzboden, mit einem Schaumstoffkissen unter den Beinen, damit die etwas höher gelagert waren. Das tat meinem Rücken gut. Trotzdem wachte ich nachts gefühlt alle 30 Sekunden auf und hatte in dieser Phase überhaupt keinen ruhigen Schlaf mehr.

Trotz allem zog ich die Saison 2011 durch. Ich bekam Entzündungshemmer und unzählige Spritzen direkt in den Rücken. Der Arzt, der mich im College am Rücken operiert hatte, hatte damals schon gesagt, dass ich mit dieser Bandscheibe nie wieder Football spielen würde können. Denn ich hätte – so seine Aussage – den Rücken eines 80-jährigen Mannes. Das war nun jedoch schon einige Jahre her, also hatte seine Prognose nicht so ganz gestimmt. Aber aktuell fühlte ich mich tatsächlich wie ein alter Opa. Ich spielte trotzdem, wechselte mich auf der Tackle-Position aber mit Nate

5 »Ich spüre meine Füße nicht mehr«

ab. Er war der sogenannte Swing Tackle und sprang immer dann ein, wenn ich nicht spielen konnte. Wenn ich auf dem Rasen stand, dann unter unglaublichen Schmerzen. Dass die Patriots mich auf die Injured Reserve List setzen würden, schien damals kein Thema zu sein. So dachte ich jedenfalls. Aber Belichick kam immer mal wieder zu mir und meinte: »Ich warte auf dich, solange ich kann.« Damit war letztlich gemeint, dass er zwar geduldig mit mir wäre, aber irgendwann der Zeitpunkt käme, wo er mich auf die IR List setzen müsste. Das konnte ich nachvollziehen. Denn ich nutzte ihm in dieser Verfassung ja nichts, sondern raubte ihm eher noch einen Kaderplatz, weil ich nicht voll einsatzfähig war.

In diesem Zusammenhang erinnere ich mich noch an eine Konversation mit Belichick. Vor unserem Spiel bei den San Diego Chargers fragte er mich, ob ich mit nach Kalifornien fliegen könnte. Darauf meinte ich nur: »Ich kann mit meinem Rücken nicht so lange im Flugzeug sitzen, ich muss mindestens alle zehn Minuten aufstehen.« Dem entgegnete unser Head Coach wiederum mit einem interessanten Vorschlag: »Was ist denn, wenn wir dir eine Matratze hinten in den Flieger legen? Da könntest du dich während des Fluges drauflegen.« Das konnte nicht sein Ernst sein. Zumal: Wenn ich schon nicht nach San Diego fliegen konnte, glaubte Belichick wirklich daran, dass ich gegen die Chargers auflaufen könnte? Um es kurz zu machen: Ich flog am Ende dann doch mit. Ohne Matratze. Aber mit einem Schmerzpflaster auf dem Rücken, das eine betäubende Wirkung haben sollte. Es nutzte aber rein gar nichts. Ich lag also sechs Stunden lang alleine auf einem Vierersitz und hatte Rückenschmerzen ohne Ende. Trotzdem lief ich am Ende tatsächlich gegen die Chargers auf. Ich weiß bis heute nicht, wie ich das gemacht habe. Irgendwie ging es wohl, im Prinzip so, wie schon die ganze Saison. Ich mogelte mich so durch.

Während der Spiele trug ich zu dieser Zeit eine Art Kompressionshose, die bis über den unteren Rücken reichte. Darüber noch einen Gürtel, der Stabilität verleihen und Wärme absondern sollte. Der saß aber so eng am Körper, dass ich kaum atmen konnte. Das war schon extrem gewöhnungsbedürftig. Wenn ich mal nicht auf dem Rasen war, saß ich auf der Bank am Spielfeldrand und massierte meinen Rücken selbst mit einem kleinen harten Massageball. Ich konnte an der Line of Scrimmage nicht einmal in den Drei-Punkt-Stand gehen. Das heißt, dass ich zu Beginn eines Spielzugs mit der Hand nicht auf den Boden kam. Das fanden meine Coaches nicht so lustig. Aber was sollte ich machen? Sie akzeptierten es irgendwann zähneknirschend und meinten, dass meine knapp 80 Prozent Leistungsfähigkeit am Ende noch besser seien als die 100 Prozent von jemand anderem.

In Woche 12 spielten wir mit den Patriots bei den Philadelphia Eagles. Während des Spiels wurde unser Center von seinem Gegenspieler zwei Positionen weiter in meine Richtung geschleudert und landete letztlich genau auf meinem Fuß. Ich spürte ein kurzes Knacken und konnte danach nicht mehr auftreten. Jede kleine Belastung schmerzte. Ich ging aber nicht direkt raus, sondern spielte diese Angriffsserie noch zu Ende. Das waren vielleicht fünf Spielzüge. Ich humpelte auf dem Rasen herum und hoffte nur, dass mein Gegenspieler das nicht sehen würde. Denn in diesem Zustand wäre es leicht gewesen, an mir vorbeizukommen. Wir machten aber einen Touchdown und beim Extra-Punkt hatte ich Glück, dass die Eagles nicht über mich gerushed sind. Ich hätte sie auf keinen Fall aufhalten können. Nach dem Extra-Punkt ging ich sofort zur Seitenlinie. Von dort aus wurde ich direkt in die Kabine gebracht und die Ärzte machten eine Röntgenaufnahme von meinem Fuß. Die war aber negativ, es schien zumindest nichts gebrochen zu sein. Trotzdem be-

5 »Ich spüre meine Füße nicht mehr«

kam ich Krücken. In den folgenden Tagen hatte ich noch weitere Untersuchungen und bei einer Aufnahme der Computertomografie sah man dann doch einen kleinen Riss im Fuß. Ich hatte mir das sogenannte Kahnbein gebrochen. Allerdings war der Bruch nicht so schlimm, da die Knochen noch richtig platziert waren und nicht voneinander weg standen. Es war wie eine Art Haarriss.

Nach einigen Tagen konnte ich aber immer noch nicht wieder auftreten. Also begann ich meine eigene Ärzte-Tour durch die USA. Als Erstes rief ich Dr. Anderson in North Carolina an. Er galt als Spezialist für Fuß-OPs. Der wollte mich operieren und mir eine Metallplatte zur Stabilisation in den Fuß einsetzen. Ausfallzeit: zehn Monate. Das kam für mich überhaupt nicht infrage. Denn ich war in meinem dritten NFL-Jahr, mein Rookie-Vertrag lief bald aus und ich musste einen neuen Kontrakt aushandeln. Es war das bis dahin wichtigste Jahr in meiner Karriere. Diese Operation war also schon einmal keine Option. Ich fuhr dann zu einem Arzt in Boston, Dr. Theodore, ebenfalls ein Fuß-Spezialist. Der gab mir den Rat, einfach nichts zu machen. ich sollte den Fuß also komplett konservativ behandeln: auf Krücken gehen, einen speziell angefertigten Schuh tragen und den Fuß einfach zwei Monate lang nicht belasten. Ich war in einem Zwiespalt. Der eine Arzt sagte, der Fuß müsste operiert werden und ich anschließend zehn Monaten Pause machen. Der andere wollte dagegen gar nichts machen und ich sollte nur zwei Monate ausfallen. Zwei absolute Spezialisten auf ihrem Gebiet mit zwei völlig unterschiedlichen Meinungen. Wem sollte ich vertrauen?

Ich entschied mich letztlich für das, was für mich am besten war. Also die konservative Behandlung mit nur zwei Monaten Pause. Mit der Hoffnung, dass das auch funktionieren würde. Wenn nicht, könnte ich mich immer noch operieren lassen. So hätte ich zwar zwei Monate verloren, aber dieses Risiko ging ich in diesem Moment gerne ein. Wir waren mitten in der Saison, ich lief auf Krücken durch das Trainingszentrum der Patriots, aber sie setzten mich immer noch nicht auf die Injured Reserve List. Nate vertrat mich derweil auf dem Feld und machte seine Sache sehr gut. Ich selbst saß täglich in der Reha und versuchte, wieder fit zu werden. Das dauerte aber seine Zeit. Wir hatten mittlerweile schon die Playoffs erreicht, konnten uns in der ersten Woche aber noch zurücklehnen, weil wir aufgrund unserer guten Bilanz nach der Regular Season erst in der Divisional Round eingreifen mussten. Das war natürlich auch gut für mich. Denn ich hatte die Hoffnung nicht aufgegeben, in dieser Saison nochmal zu spielen. Und eine Woche mehr Reha machte in meinem Fall schon sehr viel aus.

Als ich von den Krücken runter war, machte ich mit den Physiotherapeuten eine Art Testlauf. Sie und natürlich auch ich wollten sehen, wie fit ich wirklich war. Meine Füße wurden also stark getapt und in einen meiner Schuhe legten sie sogar eine kleine Metallplatte zur Stabilisation meines lädierten Fußes. Aber es ging einfach nicht. Ich hatte immer noch Schmerzen. Jetzt nicht mehr da, wo der Bruch war, sondern ein kleines Stück darüber. Mir wurde gesagt, dass das bei dieser Art von Verletzung normal sei. Andere Spieler, die vor mir den gleichen Bruch im Fuß gehabt hatten, sollen über dieselben Beschwerden geklagt haben. Mir half das leider nicht weiter. Der Fuß schmerzte weiterhin. Von meinem Rücken ganz zu schweigen.

Bei den Patriots stand jetzt schon das AFC Championship Game an. Ich hätte unheimlich gerne gespielt, war zu diesem Zeitpunkt ja bereits zweieinhalb Monate raus und wollte das Vertrauen von Belichick und Co. (»Ich warte auf dich«) gerne zurückzahlen. Wir machten also wieder einen Testlauf – aber erneut vergeblich. Ich dachte mir aber: Wenn die Jungs den Super Bowl erreichen, hät-

5 »Ich spüre meine Füße nicht mehr«

te ich zwei weitere Wochen Zeit, um wieder richtig fit zu werden. Denn den möglichen Super Bowl wollte ich mir definitiv nicht entgehen lassen, keine Verletzung dieser Welt sollte mich stoppen. So kam es dann auch. Wir schlugen im AFC Championship Game die Baltimore Ravens mit 23:20 und durften somit nach Indianapolis zum Super Bowl reisen. Und ich konnte tatsächlich genau zwei Wochen vor dem großen Spiel wieder anfangen, in Foxborough zu trainieren. Die ganze Woche. Dann ging es in den Flieger nach Indianapolis. Dort absolvierten wir unsere erste Trainingseinheit auf dem Trainingsgelände der Colts. Als ich danach in Richtung Locker Room lief, fing ich auf einmal an, vor Schmerzen zu stöhnen. Die Coaches guckten mich an und fragten mich, was denn los sei. Ich antwortete nur: »Ich kann mich nicht mehr bewegen. Mein Rücken tut so weh. Ich kann nicht mal mein Trikot ausziehen.« Das war offensichtlich kein gutes Zeichen. Und das auch noch in der Super-Bowl-Woche. In der Kabine brauchte ich eine Weile, bis ich mich ausgezogen und geduscht hatte. Es war der Tag vor dem Media Day. Eigentlich ein absoluter Pflichttermin für alle Spieler. Da versteht die NFL im Normalfall keinen Spaß. Also versuchten wir in der Zwischenzeit, in Indianapolis einen Arzt zu finden, der mir eine Spritze geben könnte.

Als am Tag darauf der Media Day begann, hatten die Patriots mich offiziell krankgemeldet. Somit musste ich nicht zur Veranstaltung. Doch anstatt mit meiner »Erkältung« das Bett zu hüten, saß ich im Auto in Richtung Krankenhaus. Ganz an den Haaren herbeigezogen war meine Ausrede jedoch nicht gewesen, denn viele meiner Teamkollegen hingen in der Woche vor dem Super Bowl wirklich täglich am Tropf. Bei uns im Hotel hatte sich eine Grippewelle ausgebreitet und viele Spieler waren angeschlagen. Mit Fieber, Magen-Darm-Beschwerden, also sämtlichen Grippe-

Symptomen. Ich selbst war auch erkältet. Bei mir ging es aber vor allem um den Rücken. Als ich dann also in der Klinik war, wurde mir eine Injektion gegeben. Der Arzt dort war dabei nicht gerade zaghaft. Ich lag auf der Liege und er rammte mir die Spritze geradezu ins Kreuz. Neben der Kortisonspritze bekam ich noch diverse Entzündungsblocker, damit sich der Schmerz nicht noch weiter ausbreitete. Keine 24 Stunden später, es war mittlerweile Mittwoch und nur noch vier Tage bis zum Super Bowl, kam Belichick zu mir und meinte: »Sag mal, Sebastian, was ist denn jetzt? Spielst du den Super Bowl am Sonntag oder nicht? Ich muss ja auch ein bisschen planen.« Ich war zwar noch sehr steif, konnte mich immer noch keinen Zentimeter nach links oder rechts bewegen und wusste vor allem, dass die Spritze mindestens zwei, drei Tage brauchen würde, um halbwegs zu wirken, aber ich antwortete ihm: »Klar, ich versuche es auf jeden Fall.«

Am Donnerstag und Freitag trainierte ich immer noch nicht mit dem Team, fühlte mich aber tatsächlich ein bisschen besser. Am Samstag kam Belichick wieder zu mir und wollte wissen, ob ich denn am nächsten Tag spielen würde. Ich meinte nur kurz und knapp: »Ja.« Also lief ich im Super Bowl gegen die New York Giants auf. Allerdings mit allerlei Entzündungshemmern, damit ich meine Verletzungen im Fuß, dem es in der Zwischenzeit allerdings schon wieder deutlich besser ging, und im Rücken während des Spiels nicht zu sehr merkte. Mein Fuß wurde zusätzlich stark getapt und ich bekam in meinen Schuh eine Carbon-Platte als Einlage, damit der Fuß noch mehr Stabilität bekam. Dem Rücken ging es dank der Spritze tatsächlich ebenfalls etwas besser. Vor dem Spiel bekam ich noch eine wärmende Salbe draufgeschmiert und dann zog ich wie immer in der Saison meine Kompressionshose und meinen speziellen Rückengürtel an.

5 »Ich spüre meine Füße nicht mehr«

Während des Super Bowl wechselte ich mich als Right Tackle mit Nate Solder ab. Er spielte die erste Halbzeit, ich die zweite. Das war in Ordnung, weil ich im Gegensatz zu Nate ja über zwei Monate so gut wie nicht trainiert oder gespielt hatte. Mein Gegenspieler bei den Giants war Justin Tuck. Ich habe gegen ihn trotz der Verletzungen am Fuß und am Rücken ein gutes Spiel hingelegt. Kurz vor dem Spielende lagen wir zurück und Tom Brady warf als letzte Aktion eine Hail Mary auf unseren Tight End Rob Gronkowski, der seinerseits mit einem gebrochenen Knöchel ins Spiel gegangen war. Diese Verletzung hatte er sich zwei Wochen zuvor im AFC Championship Game zugezogen und er sollte jetzt gegen die Giants eigentlich nur eine Art Dekoration sein, ein Spieler, den sie auf dem Rasen beachten, respektieren und sogar fürchten. Doch in dieser Situation musste Gronk richtig ins Spiel eingreifen und nicht nur zur Dekoration herumstehen. Ich selbst musste Tuck sechs, sieben Sekunden lang aufhalten, damit Brady genug Zeit für den weiten Pass in die Endzone hatte. Das ging auch gut, das Ei war also unterwegs und Gronkowski reckte und streckte sich danach, war fast dran, verpasste es am Ende aber doch um wenige Zentimeter. Das war's dann. Das Spiel war vorbei, wir hatten verloren und im Stadion wurde zur Feier des Tages für die Giants ohne Ende Konfetti in die Luft geblasen.

In diesem Moment fühlte ich mich nur leer und war extrem enttäuscht. Es ist einfacher, die Playoffs ganz zu verpassen, als am Ende den Super Bowl zu verlieren. Denn so hatten wir sechs Wochen mehr als alle anderen NFL-Teams gespielt, konnten uns also weniger auf die kommende Saison vorbereiten, und standen mit leeren Händen da. Das war schon sehr frustrierend. Und so blöd es auch klingen mag, aber man fragt sich nach so einem verlorenen Endspiel schon auch mal: »Für was das alles?« Die ganze Schinderei im

Training, in der Reha, die ganzen Arztbesuche, Operationen, das Zurückkämpfen auf den Rasen. In diesem Fall alles umsonst. So war jedenfalls mein Gefühl nach der Partie. Für eine Vize-Meisterschaft konnten wir uns nichts kaufen. Außerdem fragte ich mich, ob ich vielleicht nie mehr in meiner Karriere so weit kommen würde. Eine Super-Bowl-Teilnahme ist einfach sehr selten und eine zweite Chance zu bekommen sogar ziemlich unwahrscheinlich. Hinzu kam noch meine persönliche Situation. Müsste ich nach der Saison wirklich am Rücken operiert werden? Wenn ja, hätte ich jetzt schon wieder sechs Wochen vergeudet. Denn je früher ich operiert worden wäre, desto eher hätte ich mit der Reha und danach mit der Vorbereitung auf die nächste Saison beginnen können. Alles Gedanken, die mir direkt nach der Schlusssirene durch den Kopf geisterten.

Im Locker Room wurden wir dann alle noch einer medizinischen Schnelluntersuchung unterzogen. Am Ende dieses Checkups mussten wir unterschreiben, dass es uns so weit gut ging und alle bestehenden Verletzungen aufgelistet worden waren. Das war wichtig für einen möglichen Wechsel zu einem anderen Klub. Denn der musste wissen, woran er bei einem Spieler war. Für mich selbst kam ein Klub-Wechsel nicht infrage, aber für einige meiner Teamkollegen. Als das überstanden war, zogen wir uns um und es ging zur geplanten Feier. Eigentlich hatte es eine Siegesfeier werden sollen, nun war es leider nur eine Abschlussfeier. Sie fand in einer riesigen Halle in Indianapolis statt und es spielte unter anderem das US-amerikanische Hip-Hop-Duo LMFAO. Eine Party, die ich wirklich sehr genossen habe. Trotz der Pleite im Super Bowl gegen die Giants. Denn in diesem Moment fiel einfach alles von mir ab. Der ganze Druck der vorangegangenen Saison. Vor allem realisierte ich, dass ich diesen Abend zum letzten Mal mit genau dieser Mannschaft verbringen würde. Denn es war bereits klar, dass viele Spieler die

5 »Ich spüre meine Füße nicht mehr«

Patriots in Offseason verlassen und natürlich auch viele Neue hinzukommen würden. Manche dieser Jungs würde ich vielleicht nie wieder sehen. Das war also ein »bittersweet moment«. Meine Eltern und Lindsey waren auch bei der Party dabei und wir verbrachten den Abend zusammen. Im Laufe der Nacht wurde die Pleite gegen die Giants ein bisschen erträglicher, auch wenn sie mich tief in mir drin bis heute sehr ärgert. Aber so eine Party wie damals konnte zumindest kurzfristig Wunder bewirken. Wir wollten es uns alle nach dieser harten Saison einfach mal gut gehen lassen.

Wir fuhren dann gegen 5 Uhr morgens zurück ins Hotel. Da unser Flieger zurück nach Boston aber schon um 8 Uhr ging und wir alle noch ziemlich aufgedreht waren, lohnte es sich aus unserer Sicht nicht mehr, sich jetzt noch mal ins Bett zu legen. Also gingen wir in eines der Zimmer und bestellten den Roomservice. Dabei ging es mit ein paar Leuten in diesem kleinen Raum natürlich auch ein bisschen lauter zu. Was wir nicht wussten: Im Zimmer direkt nebenan wohnte Tom Brady. Kurze Zeit später klopfte es dann auch schon an der Zimmertür. Wir öffneten, sahen Tom dort stehen und der sagte nur: »Hey Leute, es ist jetzt 6 Uhr morgens. Seid doch bitte etwas leiser.« Er wird sich bestimmt gedacht haben: Wir, die jungen Spinner, machen Party, obwohl wir als Team gerade das größte Spiel des Jahres verloren haben! So empfanden wir das in diesem Moment natürlich nicht. Wir waren alle noch total aufgedreht von der Party und unterhielten uns deswegen wahrscheinlich etwas lauter. Uns hatte diese Pleite gegen New York genauso getroffen wie Tom. Aber diese Situation zeigt seine unglaubliche Verbissenheit. Er saß alleine in seinem Zimmer und analysierte noch immer diese Niederlage, während wir den Saisonabschluss feierten. Für ihn war unser Verhalten in diesem Moment sicherlich unverständlich. Und wir fühlten uns nach seinem Besuch ein wenig wie die Kinder – und

111

Papa war sauer auf uns. Ganz nach dem Motto: »Jetzt macht mal ein bisschen langsam.« Mir war das Ganze ein wenig unangenehm. Ein Problem war das alles am Ende jedoch nicht.

Am Morgen wurden wir dann mit Bussen zum Flughafen gefahren. Ich flog nicht mit der Mannschaft, sondern mit dem Familienflieger nach Hause. Der startete etwa eine Stunde später als das Team-Flugzeug. Dort saßen dann alle Familienmitglieder der Spieler drin. Von kleinen Kindern bis hin zu Opas und Omas. Eine bunte Mischung also. Im Vorfeld wurde zwischen den Spielern schon munter hin und her getauscht, wer in welchem Flugzeug mitfliegen würde. In Boston angekommen, ging es dann schnell zu den Autos und ab nach Hause. Die Saison war endgültig vorbei.

Jetzt stellte sich mir die Frage, wie es weitergehen würde. Denn eigentlich stand schon in einigen Tagen die Rücken-OP auf dem Programm, aber im Moment fühlte ich mich gut. Das war allerdings kein Wunder, denn ich hatte noch kurz vor dem Super Bowl eine Spritze bekommen, die nach wie vor wirkte. Der Fuß war mittlerweile fast schon wieder genesen, der Arzt hatte mit seiner konservativen Behandlungsmethode also durchweg Recht behalten. Ich entschied mich also, eine erneute Ärzte-Tour quer durch die USA zu machen, diesmal wegen meinem Rücken. Ein Mediziner in Boston wollte mir die komplette Bandscheibe entfernen und die beiden Wirbel darüber und darunter zusammenschweißen, damit sie am Ende einen neuen Wirbel ergeben würden. Die Chance für mich, nach dieser Operation wieder Football spielen zu können, bezifferte er auf fünf Prozent. Das war für mich natürlich keine Option. Also flog ich weiter nach Los Angeles zu Dr. Robert Watkins. Der hatte bereits Rob Gronkowski, Troy Aikman und Tony Romo operiert und wurde nicht zuletzt deshalb »Arzt der Stars« genannt. Watkins meinte, dass ich mit meiner Verletzung keine Operation bräuchte.

5 »Ich spüre meine Füße nicht mehr«

Also wieder zwei extrem auseinandergehende medizinische Meinungen: Der eine Arzt wollte meine Wirbel miteinander verschweißen und der andere eher konservativ behandeln. Ich entschied mich dann am Ende für einen dritten Arzt. Der hatte mich nämlich schon in meiner Collegezeit in Houston erfolgreich am Rücken operiert. Nun schnitt er bei der Operation an der gleichen Stelle der Bandscheibe wieder ein Stück ab und entfernte zusätzlich noch ein paar Knochenstücke, um mehr Raum für die restliche Bandscheibe und die Nerven dahinter zu schaffen.

Ich hatte eigentlich erwartet, dass ich auch von diesem Eingriff, wie schon einige Jahre zuvor im College, aufwachen und sofort schmerzfrei sein würde. Allerdings war es dieses Mal das genaue Gegenteil. Ich öffnete langsam meine Augen und alles geschah in Zeitlupe. Mein Hirn wachte mit auf, aber es war noch ziemlich überfordert. Die Vollnarkose hatte mir mächtig zugesetzt. Neben mir saß Lindsey und über mich beugte sich der Arzt, der mich kurz zuvor operiert hatte, und redete auf mich ein. Ich konnte zwar seine Stimme hören, aber wirklich verstehen konnte ich ihn nicht. Als er das Zimmer wieder verlassen hatte, fragte ich meine Frau: »Was hat der Arzt gerade gesagt?« Sie erklärte es mir und ich nickte. Im Hintergrund hörte ich das stetige Piepen der Geräte. In meiner Trance fragte ich Lindsey Sekunden später noch einmal: »Was hat der Arzt eben gesagt?«

Dann kam der plötzliche Schock. Ich spürte meine Füße nicht mehr. Sie waren taub. Sofort vergaß ich meine Müdigkeit und wachte aus meinem tranceartigen Zustand auf. Ich schreckte in meinem Bett hoch und hatte große Angst – vor allem um meine Karriere. Der Arzt hatte bei dieser Operation an der Bandscheibe ziemlich aggressiv vorgehen müssen, weil sich von dem Eingriff am Rücken einige Jahre zuvor viele Narben gebildet hatten. Er hatte den Nerv physisch angefasst, damit all diese Narben entfernt werden konnten. Deswegen hatte sich der Nerv nach der Operation so stark entzündet, dass ich diese Taubheitsgefühle in den Füßen hatte. Allerdings versprach der Arzt mir, dass diese mit der Zeit wieder weggehen würden.

In den kommenden sechs Wochen durfte ich körperlich nichts machen. Nur leichtes Gehen war erlaubt. Ich schaffte in den ersten Tagen nicht einmal 100 Meter, dann musste ich mich schon wieder hinsetzen, weil der Rücken so schmerzte. Die Entfernungen wurden dann von Tag zu Tag größer. Zu Hause in Foxborough lief ich täglich um den Block und die Leute dort mussten sich schon gefragt haben, was mit mir nicht stimmte. Aber das waren eben meine Reha-Maßnahmen. Das Gefühl in meinen Füßen kam mit der Zeit tatsächlich wieder. Allerdings sind meine großen Zehen an beiden Füßen bis zum heutigen Tag komplett taub. Mir ist das aber erst viel später aufgefallen. Ich saß damals auf der Couch und konzentrierte mich auf eine Sendung im Fernsehen, als Lindsey vorbeikam und mich leicht am großen Zeh kratzte. Ich merkte nichts und schaute weiter stur auf den Bildschirm. Lindsey kratzte immer stärker und stärker, bis ich die leichte Erschütterung am Fuß spürte und ich sie fragte, was denn los sei. Da erklärte sie mir, dass sie schon zwei Minuten lang dort sitze und mich am Zeh berühre. Erst dann realisierte ich, dass ich nichts spürte. Das war ein komisches Gefühl, aber ich lernte mit der Zeit, damit zu leben. Beim Laufen empfinde ich es mittlerweile als normal, es ist nur ein eigenartiges Gefühl, wenn jemand die beiden Zehen anfasst.

Ich plante kurz nach der Operation schon wieder die kommende Saison und war besorgt, weil es mir nach dem Eingriff fast schlechter ging als zuvor. Es sollte meine vierte Saison werden, und ich hatte noch knapp fünf Monate Zeit, bis die neue Spielzeit anfangen

5 »Ich spüre meine Füße nicht mehr«

würde. Da kam in mir doch ab und an die Frage auf, ob ich es rechtzeitig schaffen würde. Zumal mir immer wieder mal ein stechender Schmerz in den Rücken fuhr. Und das auch noch fünf, sechs Monate nach der Operation in Houston. Eines Tages saß ich im Trainingszentrum der Patriots und erzählte Belichick, dass ich nach meiner Operation an der Bandscheibe in der Offseason nach wie vor Schmerzen hatte. Wir unterhielten uns dann darüber, wie wir weiter verfahren würden. Sollte ich mich noch mal einem operativen Eingriff unterziehen oder den Rücken konservativ behandeln? Für Belichick war es am Ende in Ordnung, dass ich zunächst meine Reha weitermachte.

Ich verpasste in der Folge sämtliche Mini-Camps und versuchte stattdessen, durch weitere Reha-Maßnahmen meine Rücken-Muskulatur zu stärken, um in diesem Bereich wieder stabiler zu werden. Denn mein Ziel war es, spätestens im offiziellen Trainingslager wieder bei der Mannschaft dabei zu sein. Ich machte auch Fortschritte und konnte schon wieder ganz gut laufen, aber der Rücken schmerzte nach wie vor. Das waren kurze, intensive, stechende Schmerzen, als ob die Bandscheibe bei gewissen Bewegungen den Nerv berührte. Die Saison war nun nur noch zwei Wochen entfernt. Doch ich unternahm in den Tagen und Wochen danach nichts weiter, sondern biss bei Schmerzen einfach die Zähne zusammen. Ich wollte unbedingt zum Saisonstart spielen, und das schaffte ich dann auch. Da ich jedoch sämtliche Trainingslager in der Offseason verpasst hatte, spielte ich zum Auftakt der neuen Spielzeit nur die Hälfte des Spiels. Am zweiten Spieltag waren es dann schon drei Viertel der Partie und so steigerte ich mich von Woche zu Woche, bis ich wieder ganz durchspielen konnte. Trotz der Schmerzen im Rücken, die immer noch da waren. Aber ich wollte mich von ihnen einfach nicht aufhalten lassen.

Dann kam die fünfte Woche. Wir spielten zu Hause gegen die Denver Broncos und ich recoverte bei einem Spielzug einen Fumble. Dabei fiel ich unglücklich auf mein rechtes Knie und riss mir das hintere Kreuzband. Nach dem Spiel rief ich einen Experten für diese Art von Verletzungen an und schilderte ihm das Ergebnis meiner Kernspintomografie. Er meinte, dass ich damit sechs Wochen nicht spielen könne und das Knie unbedingt schonen müsse. Das kam für mich aber nicht infrage. Denn ich war in meinem letzten Jahr des Rookie-Vertrags und spielte in dieser Saison um einen Anschlussvertrag bei den Patriots. Da konnte ich mir solche Verletzungen einfach nicht erlauben.

Also setzte ich zwei Tage mit dem Training aus, machte dann einen Druckverband um das Knie und trainierte den Rest der Woche mit dem Kreuzbandriss weiter. Am Wochenende flogen wir nach Seattle zum Spiel gegen die Seahawks. Ich machte mich dort auf dem Rasen warm und wollte dabei mein rechtes Knie austesten, als ich mir bei einer falschen Bewegung das linke Knie kaputt machte. Ich war offenbar noch nicht warm genug gewesen und riss mir – das wusste ich in diesem Moment allerdings noch nicht – ein Stück Knorpel aus dem Kniegelenk. In der Kabine kam Belichick zu mir und fragte: »Kannst du spielen?« Darauf antwortete ich: »Ja, ich kann spielen und auch eine gute Leistung bringen. Aber es kann sein, dass mir hier und da mal das Knie wegknickt und ich einfach auf den Rasen falle.« Damit konnte der Head Coach leben. Ich ging also raus aufs Spielfeld, humpelte zwar ein bisschen rum, machte aber ein gutes Spiel, ohne auch nur einmal wegzuknicken. Doch nach der Partie schwollen beide Knie im Locker Room richtig dick an. Das blieb auch in den Tagen danach im Training so. Mein Rücken schmerzte also und ich hatte zwei kaputte Knie. Da stellte ich mir schon die Frage: Was mache ich hier eigentlich? Aber letztlich biss ich mich weiter durch.

5 »Ich spüre meine Füße nicht mehr«

Nach der Saison fuhr ich mit Lindsey nach New York. Wir wollten uns dort ein paar schöne Tage machen und uns von den letzten Monaten erholen. Als wir gerade die Stufen zum American Museum of Natural History hinaufgehen wollten, konnte ich auf einmal nicht mehr laufen. Ich blieb plötzlich stehen und sagte zu meiner Frau: »Ich kann nicht mehr. Der Schmerz in meinem linken Knie ist zu krass.« Ich saß dann draußen auf einer Bank, es schneite wie wild, ich hatte keine Jacke an, konnte mich von dieser Stelle aber einfach nicht wegbewegen. Mir wurde sofort bewusst, dass ich schon wieder operiert werden müsste. Das wollte ich eigentlich vermeiden, weil ich nach wie vor um einen neuen Vertrag bei den Patriots kämpfte. Wenn das nicht klappte, wäre ich ein Free Agent auf Krücken. Keine wirklich schönen und erfolgversprechenden Aussichten. Dennoch ließ ich die Operation am Knie durchführen. Der Eingriff war nicht so schlimm wie befürchtet, sodass ich nur ein paar Wochen auf Krücken laufen musste. Im Vergleich zu vielen meiner anderen Operationen waren die Folgen nicht so dramatisch. Darüber war ich natürlich sehr froh.

Kurz danach unterschrieb ich einen neuen Vertrag bei den Patriots. Dafür bin ich dem Klub, vor allem aber Belichick, auch heute noch sehr dankbar. Denn der Coach glaubte trotz meiner Krankenakte weiterhin an mich und traute mir noch einiges zu. Belichick und ich hatten uns zwar immer gut verstanden und waren ehrlich miteinander umgegangen, doch trotzdem war sein Vertrauen in mich damals nicht selbstverständlich. Ich habe großen Respekt vor ihm und bin froh, dass wir uns während meiner Karriere bei jedem Thema immer sehr schnell einigen konnten. Ohne seine Förderung und Unterstützung wäre ich sicherlich keine acht Jahre bei den Patriots geblieben.

6 Meine Frau als Krankenschwester

Meine Frau begleitet mich bereits seit dem College und spielt seither eine sehr wichtige Rolle in meinem Leben. Sie nahm mich in meiner Anfangszeit in den USA an die Hand und hatte einen riesigen Anteil daran, dass ich schnell die Sprache lernte. Sie kutschierte mich fast täglich durch die Gegend, denn ich hatte ja kein Auto. Das mögen für viele Leute nur Kleinigkeiten sein, für mich waren das unglaubliche Zugeständnisse, die für Lindsey aber immer selbstverständlich waren. Dafür bin ich ihr bis heute enorm dankbar. Zumal sie letztlich sieben Monate im Jahr auf sich alleine gestellt war. Während der Footballsaison konzentrierte ich mich voll und ganz auf den Sport und ließ alles andere außen vor. In dieser Zeit war ich zu Hause mehr oder weniger unsichtbar. Es blieb alles an Lindsey hängen. Die Familie Vollmer war in dieser Zeit im wahrsten Sinne des Wortes eine One-Woman-Show. Lindsey war Ehefrau, Managerin, Seelenklempnerin, Hausfrau, Mutter und Krankenschwester in einer Person. Ich kann mir gut vorstellen, dass meine Zeit als Footballprofi für Lindsey persönlich manchmal eine große Belastung war.

Als Profi wachte ich beispielsweise jeden Morgen auf und brauchte einige Zeit, bis ich aus dem Bett kam. Meine Knochen taten weh, Arthrose hatte mehr oder weniger all meine Gelenke im Körper befallen und so musste ich morgens erst einmal ganz tief durchatmen. Ich fühlte mich wie ein alter Mann und wälzte mich eine gefühlte Ewigkeit im Bett hin und her, bis ich mich endlich aufrichten konnte. Dann bewegte ich meine Knöchel, damit die Füße ebenfalls wach wurden, und schlappte wortwörtlich ins Bad. Wenn ich dort fertig war, ging es die Treppe hinunter. Aber nicht wie bei jedem normalen 25-Jährigen, der locker und flockig eine Stufe nach der anderen nimmt. Ich musste eine Stufe immer mit zwei Füßen nehmen, weil ich sonst zu große Schmerzen hatte. Obwohl Lindsey mich während meiner Karriere tagtäglich so erlebte und sich augenscheinlich Sorgen um mich machte, beschwerte sie sich nie. Dabei hätte sie das jederzeit machen können. Denn ich fügte mir all diese Schmerzen letztlich selbst zu und hätte anstatt immer weiter Football zu spielen ja auch einfach aufhören können. Ich glaube rückblickend schon, dass es für Lindsey manchmal nur schwer zu ertragen war – und trotzdem hat sie nie lamentiert. Lindsey wusste einfach, wie wichtig der Sport mir war und dass ich wahrscheinlich sowieso nicht auf sie gehört hätte. Sie konnte sich damit aber auch wunderbar arrangieren und wurde im Lauf der Zeit sogar meine Krankenschwester.

Wir spielten in der Saison 2013 in Woche acht zu Hause in Foxborough gegen die Miami Dolphins. Ich war bis dahin verletzungsfrei und machte eine richtig ordentliche Saison. Doch bei unserem Spiel im Gillette Stadium fiel mir ein Dolphins-Spieler auf mein Bein. Ich merkte richtig, wie es immer mehr durchbrach. Es machte knack, knack, knack. Denn der Spieler stürzte bei einem Tackle unbeabsichtigt auf mich drauf, rollte dabei unglücklich mein Bein entlang nach oben und machte den Bruch damit noch schlimmer. Ich hatte höllische Schmerzen und schrie auf dem Rasen laut auf. Alles vor den Augen von Lindsey, die auf der Tribüne saß und nicht wusste, was mit mir passiert war. Nachdem ich in den Locker Room getragen worden war, ließ ich mir sofort mein Handy bringen, damit ich ihr Bescheid geben konnte, was los war. Denn ich hatte ja gerade erst eine schwere Rückenoperation gehabt und Lindsey dachte wahrscheinlich, dass ich mich wieder an dieser Stelle verletzt hätte. Doch in der Zwischenzeit hatte der Sicherheitsdienst sie bereits an ihrem Platz abgeholt und sie vor unsere Kabine in die Katakomben des Stadions gebracht. Dort erfuhr sie dann sehr schnell, dass ich mir dieses Mal nicht erneut den Rücken, sondern eben wieder einmal das Bein verletzt hatte. Zudem hatte ich mir bei der Aktion den Fuß ausgekugelt und sämtliche Sehnen gerissen. Kein Wunder also, dass er in der Kabine in eine ganz falsche Richtung zeigte. Schnell war also klar: Ich musste wieder einmal operiert werden.

Nach dem Eingriff durfte ich das Bein einige Wochen lang nicht belasten. Ich durfte zwar auf Krücken gehen, aber immer, wenn das Bein nach unten hing, lief das Blut hinein und ich hatte starke Schmerzen. Also legte ich mein Bein so oft wie es eben ging hoch. Damit war ich letztlich zu Hause gefangen. Das machte mich mit der Zeit fast wahnsinnig, weil mir die Decke auf den Kopf fiel. Ich hatte bis dahin einen durchgeplanten Tag gehabt, musste zu Meetings oder Trainingseinheiten und war mehr oder weniger nie zu Hause. In diesem Moment fühlte ich mich, als ob mich mein Körper von 100 auf 0 heruntergebremst hätte. Ich saß unproduktiv zu Hause herum, wusste nichts mit mir anzufangen, und das nervte mich gewaltig. Also packte mich Lindsey an manchen Tagen einfach ins Auto und fuhr mit mir durch die Gegend. Nur, damit ich etwas anderes zu sehen bekam. Ich fühlte mich teilweise wie ein Hund, der auf sein Herrchen wartete, um endlich Gassi zu gehen. Wir fuhren beispielsweise zu Dunkin' Donuts, holten uns dort Frühstück und aßen dann gemeinsam im Auto. Das war schon ein absolutes Highlight für mich. Ich konnte nicht aussteigen, weil es draußen schneite, die Wege vereist waren und ich einige Tage zuvor schon einmal ausgerutscht war und mich mit dem operierten Fuß abgefangen hatte. Das war extrem schmerzhaft gewesen. Also frühstückte Lindsey eben mit mir im Auto. Das war für mich um Längen besser, als immer nur zu Hause herumzusitzen.

Lindsey nahm mich auch einmal mit ins Einkaufszentrum. Dort gab es, typisch für die USA, für gehbehinderte oder ältere Menschen extra Elektromobile, auf die sie sich setzen konnten, um im langsamen Tempo durch die verschiedenen Gänge des Supermarkts zu fahren. Also schnappte auch ich mir mit meinen 150 Kilogramm Körpergewicht und meinem eingegipsten Fuß so ein Gefährt. Ich fuhr damit fröhlich durch das Einkaufszentrum, bis das Ding auf einmal stehen blieb. Es machte keinen Mucks mehr. Der Grund: Die Batterie war leer. Das Schlimme daran war allerdings, dass ich nicht mehr wegkam. Ich saß jetzt also mitten in diesem Supermarkt auf dem kaputten Elektromobil und wartete auf Hilfe. Lindsey eilte dann schnell zu unserem Auto, holte meine Krücken, brachte sie mir und dann humpelte ich gemeinsam mit ihr durch den gesamten Supermarkt zurück zum Parkplatz und wuchtete mich ins Auto. Der Versuch des gemeinsamen Einkaufens war somit gescheitert.

Aber Lindsey hatte noch eine andere Idee, wie sie mich in dieser Zeit ein wenig ablenken konnte. Manchmal fuhr sie extra für mich durch die Gegend oder ging einkaufen und schaltete dabei auf ihrem iPhone die Videotelefonie-Funktion FaceTime ein. Nur damit ich etwas anderes sehen konnte als die eigenen vier Wände. Das mag total bescheuert klingen, war für mich damals aber eine enorme Hilfe. Und es zeigt, dass meine Frau alles unternahm, damit es mir in dieser Situation besser ging. Aber nicht nur das. Lindsey versorgte nach allen meinen Operationen auch immer meine Wunden und Narben. Nach meinem Beinbruch mussten zum Beispiel regelmäßig die Bandagen gewechselt werden und ich durfte wegen Infektionsgefahr für einige Zeit nicht aufs Trainingsgelände der Patriots und somit auch nicht zum dortigen Ärzteteam. Also nahm sich meine Frau der Sache an. Sie schaute sich den Bandagenwechsel ein-, zweimal im Krankenhaus bei den Ärzten und Krankenschwestern an und machte es bei uns zu Hause dann selbst. In dieser Zeit kam regelmäßig auch ein Physiotherapeut zu uns und meinte jedes Mal: »Wer hat denn die Bandage gewechselt? Das sieht richtig professionell aus.« Lindsey hat sich all das einfach über die Jahre angeeignet. Für sie wurde es fast schon zur Normalität, mich nach den OPs zu pflegen und zu versorgen. Sie fuhr mich zu den Operationen, blieb in der Klinik die ganze Zeit an meiner Seite, besorgte mir danach sämtliche Medikamente und pflegte mich dann zu Hause monatelang weiter. Wirklich wie eine richtige Krankenschwester. Ich selbst empfand das nie als Normalität oder eine Selbstverständlichkeit. Lindsey dagegen schon. Ich kann ihr das überhaupt nicht hoch genug anrechnen.

Nach einer meiner Schulteroperationen musste ich vier Wochen lang im Sitzen schlafen. Dafür kauften wir uns extra einen Sessel, den wir in den Keller stellten. Da ich den rechten Arm jedoch in einer Schlaufe hatte und die Knöpfe für die Einstellung der Rückenlehne auch auf der rechten Seite waren, schlief Lindsey vier Wochen lang jede Nacht neben mir auf einer unbequemen Couch. Jedes Mal, wenn ich nachts aufstehen und auf die Toilette gehen musste, stand sie auf und drückte den Knopf, damit die Lehne nach oben fuhr und ich aus dem Sessel herauskam. Doch damit nicht genug. Um meine Schulter herum war eine Vorrichtung mit einem Schlauch befestigt, der mit Eis gefüllt war. Die Schulter musste dauerhaft gekühlt werden und immer, wenn das Eis geschmolzen war, musste der Schlauch umgehend neu befüllt werden. Also fuhr Lindsey, auch mitten in der Nacht, jedes Mal sofort los und holte neues Eis. Dabei war sie zu dieser Zeit selbst noch berufstätig. Nachdem sie ein Jahr lang als Flugbegleiterin gearbeitet hatte, kümmerte sie sich damals um die Buchhaltung der Firma ihres Vaters. Das tat sie so lange, bis 2016 unser erstes Kind geboren wurde. Bis dahin hatte sie eben diese Doppelbelastung – ihren eigenen Job und mich als eine Art Dauer-Patienten in den heimischen vier Wänden. Für sie war es sicherlich emotional oftmals nicht einfach, die Liebe ihres Lebens leiden zu sehen. Lindsey hatte zwar nie etwas in diese Richtung gesagt, aber ich konnte es spüren. Meine Verbundenheit zum Sport war aber so groß, dass ich letztlich dazu bereit war, meinen Körper aufzugeben. Auf der anderen Seite war ich mir durchaus auch der Verantwortung meiner Familie gegenüber bewusst. Ich wollte mit 40, 50 oder 60 Jahren immer noch für sie da sein. Damit befand ich mich regelmäßig in einem großen emotionalen Zwiespalt.

Meine Frau musste während meiner aktiven Zeit auch psychisch sehr viel mitmachen. Denn sie war meine einzige Vertrauensperson, bei ihr lud ich all meinen seelischen Müll ab. New England war und ist immer noch ein sehr spezieller Ort, um professionell American Football zu spielen. Die Patriots haben den Anspruch, jedes Jahr den Super Bowl zu gewinnen, und dieser Druck wird an die Spieler weitergegeben. Ich konnte mir meiner Sache nie sicher sein. Immer wieder machte ich mir Sorgen um meine Zukunft. Denn letztlich wurde uns nach jedem Spiel vermittelt, dass wir nicht gut genug waren. Der Montag war der schlimmste Tag für mich. Da hatten wir unser großes Meeting und wurden zum Teil vier Stunden lang verbal rundgemacht und wieder nach Hause geschickt. Wenn ich dann geknickt daheim ankam, sprach ich mit Lindsey über das Meeting. Ich musste die Kritik irgendwie verarbeiten und mich mit jemandem darüber austauschen. Das war in diesem Fall immer meine Frau. Sie entwickelte mit der Zeit das richtige Fingerspitzengefühl, um mich wieder aufzubauen. Das war sicherlich nicht immer einfach.

6 Meine Frau als Krankenschwester

Denn was hätte sie denn sagen sollen, wenn ich sie gefragt hätte: »Soll ich etwa ganz aufhören?« Bei dieser Antwort hätte sie letztlich nur verlieren können. Hat sie aber nie. Mit ihrem Verhalten und ihrer Sensibilität half Lindsey mir über all die Jahre über sämtliche physische und psychische Täler hinweg.

In dieser Zeit in Foxborough gingen wir regelmäßig gemeinsam zur sogenannten Couples Study. Diese wurde von Paul und Virginia Friesen geleitet. Die beiden sind Eheberater und Theologen. Sie hatten die Couples Study schon vor meiner Zeit in New England mit einem ehemaligen Patriots-Spieler gegründet und boten sie nun bereits seit rund 20 Jahren an. Jeden Donnerstag erklärte sich also ein anderer Patriots-Spieler mit seiner Ehefrau bereit, die Couples Study bei sich zu Hause auszurichten. Die ersten Male waren wir bei Logan Mankins zu Gast und später dann bei Nate Solder. Bei uns zu Hause waren wir nie, weil ich nach diesen Treffen immer sofort ins Bett wollte. Der nächste Tag und mit ihm das nächste Footballtraining waren bei mir ständig im Hinterkopf. Wenn du selbst Gastgeber bist, willst du die Leute ja nicht rausschmeißen, und diese Situation wollte ich gerne vermeiden. Wir trafen uns also, brachten Essen mit und erzählten uns in der ersten Stunde zu zweit als Paar, was wir in den vergangenen Tagen erlebt hatten. In der zweiten Stunde saßen wir dann alle gemeinsam zusammen und redeten. Die Friesens wählten dabei pro Woche ein bestimmtes Thema aus. Zum Beispiel erzählten sie aus ihren eigenen Erfahrungen als Ehepaar und wie man mit bestimmten Krisen oder Problemen umgeht. Meist ging es aber um religiöse Vorstellungen über das Zusammenleben zwischen Mann und Frau. Die Friesens versuchten, diese Vorstellungen auf das Leben in und mit der NFL zu übertragen, spezifisch auf unsere Situation als Footballer und deren Ehefrauen. Sie nannten auch Beispiele von anderen, älteren Patriots-Spielern, die ihr Angebot in der Vergangenheit ebenfalls wahrgenommen hatten. Die Kernfrage lautete: Wie kann man die Fallen der NFL in einer Beziehung bewältigen? Also wie geht man zum Beispiel als Spieler, aber auch als Ehefrau damit um, wenn man auf einmal entlassen wird? Das Leben würde sich ja schlagartig verändern. Ich hatte das Glück, acht Jahre lang beim gleichen Klub gewesen sein zu dürfen. Es gibt aber andere Spieler, die in der gleichen Zeit bei 20 verschiedenen Teams und somit immer wieder mit Entlassungen konfrontiert waren. Außerdem wurde uns klargemacht, dass dieses Leben in der NFL nicht das echte Leben ist, sondern eine Art Traumwelt, aus der man täglich rausgeworfen werden konnte. Wir konnten bei diesen Diskussionsrunden mit den Friesens jederzeit mitreden, hatten aber auch die Möglichkeit, einfach nur zuzuhören. Diese Tipps und Tricks, wie man als NFL-Spieler und Spielerfrau eine glückliche Ehe führen kann, empfanden wir als sehr hilfreich. Vor allem Lindsey meinte einmal, dass die Friesens das Beste waren, was uns in New England passieren konnte. Zumal wir beide sehr gläubig sind und die Beratung der Friesens eine biblische Basis hatte. Wir glaubten an Gott und deswegen betete ich auch vor jedem Spiel. Das wurde zu einer Art Ritual.

Wir waren ab meinem vierten Jahr bei den Patriots Teil dieser Couples Study. Lange Zeit war es für mich einfach zu aufwendig, mich von 18 bis 20 Uhr zu irgendjemandem nach Hause zu setzen. Diese Zeit wollte ich lieber dafür nutzen, länger im Trainingszentrum zu bleiben, um dort den nächsten Gegner zu studieren. Allerdings wurde mir irgendwann klar, dass das Privatleben wichtiger sein sollte als der American Football. Für diese Einsicht habe ich sehr lange gebraucht. Aber immerhin kam sie im Laufe der Zeit noch. Denn meine Frau und meine beiden Kinder (mein Sohn Lucas ist 2018 geboren) waren es definitiv wert, mich mehr um sie zu kümmern. Zumal ich meiner Frau bis zum heutigen Tag unglaublich dankbar bin. Sie ist die Person geblieben, die mich damals am College mit ihrem Auto abgeholt hat und mit der ich mir beim ersten Date mangels finanzieller Mittel ein Essen geteilt habe. Lindsey ist nie in diese NFL-Scheinwelt abgedriftet, sondern bodenständig geblieben, und war immer für mich da. Es war uns letztlich beiden zu jeder Zeit klar, dass wir einige Jahre lang viele Dinge opfern müssten, um das Leben später umso mehr genießen zu können. Eines weiß ich deswegen ganz sicher: Ohne sie wäre ich in der NFL nie so erfolgreich gewesen.

7 Super-Bowl-Sieg 2014 – No Pain, No Gain

Die Saison 2013 war für mich mit meinem Beinbruch nach der ersten Hälfte beendet. Da ich nach der Operation keinen Anruf von den Patriots bekommen hatte, hoffte ich noch, dass sie auf mich warten würden, bis ich wieder fit wäre. So wie damals nach meiner Fußverletzung vor dem Super Bowl 2011. Zu diesem Zeitpunkt wusste ich ja noch nicht, wie lange mich meine Beinverletzung außer Gefecht setzen würde. Ohne dass es mir jemand vorher offiziell mitgeteilt hätte, wurde ich dann doch recht schnell auf die Injured Reserve List gesetzt. Ich saß zu Hause vor dem Fernseher, schaute NFL Network und dort lief unten eine Art Liveticker durchs Bild, auf dem stand: »New England Patriots: Sebastian Vollmer on IR«. Ich sah also auf dem heimischen Bildschirm, dass die Saison für mich offiziell zu Ende war. Das machte mir wieder einmal bewusst, dass man als Spieler nur so lange gut ist, wie man dem Team auch wirklich helfen kann. Im Reha-Zentrum der Patriots steht nicht umsonst ein vielsagender Spruch an der Wand geschrieben: »Availability is more important than ability.« Und NFL-Coaches sagen zu ihren Spielern auch gerne mal: »You cannot make the club in the tub.« Wenn du als Footballer verletzungsbedingt also nur im Hot Tub oder Cold Tub sitzt, wirst du es auch nie in den Kader schaffen. Das ist natürlich ein wenig übertrieben formuliert, zeigt aber durchaus die Herangehensweise der Coaches in der NFL.

Ich war in diesem Moment nicht verfügbar und somit raus. Jedenfalls für eine gewisse Zeit. So lange wird dann auch keine Energie mehr in dich verschwendet. Du bist für den Klub in diesem Augenblick nicht mehr wichtig. Aber so hart das auch klingen mag: So ist das Geschäft in der NFL. Auf der anderen Seite war es damals vielleicht auch nur reines Wunschdenken von mir gewesen, in dieser Saison so schnell wie nur möglich wieder auf den Rasen zurückzukehren. Immerhin hatte ich eine schwere Verletzung, die mich am Ende fast ein Jahr außer Gefecht setzte. Nichtsdestotrotz war ich in diesem Moment frustriert und enttäuscht darüber, andauernd verletzt zu sein. Umso mehr bedeutete es mir, dass Scar mich in dieser Zeit jede Woche vor den Spielen anrief und meinte, dass es schön wäre, wenn ich jetzt dabei sein könnte. Das gab mir ein richtig gutes Gefühl.

Scar und ich verstanden uns sehr gut und wir hatten ein sehr professionelles Verhältnis zueinander. Entsprechend traurig war ich, als er vor der Saison 2014 in Rente ging. Unser neuer Offensive Line Coach hieß Dave »Guge« DeGuglielmo. Ich konnte zu Beginn der Saison-Vorbereitung nicht mittrainieren, sondern machte immer noch meine Reha nach der schweren Beinoperation. Aber ich kannte DeGuglielmo von einer privaten Trainingseinheit mit ihm kurz vor meinem Pro Day einige Jahre zuvor in Houston. Da ich mich dem neuen Coach aufgrund meiner Verletzung noch nicht zeigen konnte, setzte bei mir eine gewisse Sorge ein. Ich war bis zu diesem Zeitpunkt immerhin fünf Jahre lang der Starting Right Tackle gewesen und wollte natürlich, dass das auch so bleibt. Es kommt ja auch ein bisschen darauf an, ob die Coaches deine Art und Weise zu spielen mögen. Bei Scar war das definitiv der Fall gewesen. Aber wie würde es jetzt unter »Guge« (gesprochen wie »Google«) laufen?

Die ersten Mini-Camps waren schon wieder vorbei und ich konnte immer noch nicht wieder trainieren. Stattdessen lernte ich in der Reha nach vielen Wochen auf Krücken zunächst einmal wieder richtig laufen. Sie steckten mich in eine Art Luftkissen, pumpten dieses auf und stellten mich dann auf ein Laufband. So konnte ich mit einem geringen Teil meines Körpergewichts laufen und mein lädiertes Bein wurde nicht zu extrem belastet. Das Luftkissen trug das restliche Gewicht. Währenddessen waren meine Teamkollegen und vor allem mein direkter Backup auf der Tackle-Position, Marcus Cannon, schon mitten in den Vorbereitungen auf die kommende Spielzeit – natürlich zusammen mit dem neuen Offensive Line Coach. Doch langsam ging es bergauf.

Nachdem ich mal wieder die komplette Offseason nicht hatte trainieren können, kam ich pünktlich zum Saisonstart zurück und spielte am ersten Spieltag bei den Miami Dolphins immerhin die erste Halbzeit. In den Wochen danach führten mich die Coaches dann wie in den Jahren zuvor wieder langsam an das Team heran, sodass ich von Woche zu Woche mehr Spielzeit als Starter auf der Position des Right Tackle bekam.

Allerdings lieferten meine Teamkollegen und ich deutlich schwächere Leistungen ab als noch in den Jahren zuvor. Das konnte an uns Spielern, an »Guge« oder aber auch einfach nur an der neuen Saison liegen, in der wir uns als Team noch nicht so richtig gefunden hatten. Das negative Licht fiel in diesem Fall aber nicht auf uns Spieler, sondern vor allem auf DeGuglielmo. Der hatte ein ganz neues System und neue Codewörter mit zu den Patriots gebracht. Plötzlich sollten wir ganz anders spielen, als wir es noch von Scar kannten. Es fiel uns allen schwer, uns darauf einzulassen. Wenn man als Profisportler mit einem gewissen System erfolgreich ist, fragt man sich schon, warum man das auf einmal mitten in seiner Karriere wechseln soll. Man sagt in den USA nicht umsonst: »If it ain't broke, don't fix it.« Wir hatten mit Scar ein überaus erfolgreiches System gespielt, an das wir alle glaubten und das auch funktionierte. Jetzt kam Guge und warf – aus unserer Sicht völlig unnötig – alles über den Haufen. Wir waren tief in uns drin schon ziemlich resistent dagegen. Und das merkte man auf dem Spielfeld. Natürlich war das DeGuglielmo gegenüber alles nicht wirklich fair. Wir waren selbst Profis und hätten einfach unsere Leistung bringen müssen. Stattdessen spielten wir nichts Halbes und nichts Ganzes, ein bisschen was von »Scars« System und ein bisschen was von Guge. Wenn wir uns nicht sicher waren, entschieden wir uns instinktiv eher dafür, es so zu machen, wie Scar es uns gelehrt hatte. Das funktionierte in dieser Saison auch irgendwie, aber wir zeigten alle sicherlich nicht unsere besten Leistungen. Es ist einfach schwer, wenn du als Spieler nicht zu 100 Prozent an etwas glaubst. Und das war bei DeGuglielmos System der Fall. Zumal sein Vorgänger Scar einer der begnadetsten Offensive Line Coaches war, der jemals den Fuß auf ein Footballfeld gesetzt hatte. Das waren für Guge große Fußstapfen. In den Medien wurde sogar der Ruf nach einer Rückkehr von Scar laut – der nur zwei Jahre später dann auch tatsächlich nach Foxborough zurückkehren und Guge wieder ablösen sollte.

Ich bleibe dabei, dass unser Verhalten damals nicht richtig und es vor allem nicht korrekt war, alles Schlechte nur auf Guge zu projizieren. Wir zettelten zwar keine Revolte an, aber es herrschte die komplette Spielzeit über eine gewisse Unruhe und Unzufriedenheit – obwohl wir am Ende alle gemeinsam den Super Bowl gewannen.

Beim ersten Spiel der Saison in Miami verletzte ich mich bei einem Blockversuch gegen den Defensive End der Dolphins, Cameron Wake, so heftig an der Schulter, dass ich sofort merkte, dass etwas kaputt gegangen sein musste. Ich konnte nach dem Spiel den Arm nicht heben und keine Hände schütteln. Es knackte bei jeder noch so kleinen Bewegung laut in der Schulter. Aber ich unternahm erst einmal nichts dagegen. Die Konsequenz war zunächst einmal

7 Super-Bowl-Sieg 2014 – No Pain, No Gain

nur, dass ich in den täglichen Trainingseinheiten kein Bankdrücken mehr machen konnte und auch sonst die Übungen für den Oberkörper auf ein Minimum reduzieren musste. Die Schmerzen in der Schulter wären sonst zu groß gewesen. Ich biss mich also wieder einmal durch, wie schon so oft in meiner Karriere, weil ich meinem Team helfen wollte. Außerdem wollte ich meinem Konkurrenten auf keinen Fall die Chance geben, sich zu zeigen. Es ging wie in meiner gesamten NFL-Karriere darum, meinen Platz im Team zu verteidigen. Sonst würde es mir vielleicht irgendwann einmal so ergehen, wie es Nick Kaczur einige Jahre zuvor mit mir ergangen war: Er verletzte sich als absolute Stammkraft, ich sprang ein, brachte gute Leistungen und übernahm dauerhaft seinen Platz. Allerdings wollte Belichick mir die Entscheidung darüber, weiterzuspielen oder nicht, abnehmen. Er wollte mich tatsächlich für das kommende Spiel bei den Minnesota Vikings auf die Bank setzen, um mich schon zu diesem Zeitpunkt für die möglichen Playoffs einige Monate später zu schonen. Das wollte ich aber nicht. Also ging ich zu Belichick und versicherte ihm, dass ich trotz dieser Schulterverletzung die Saison durchspielen könnte und er mich definitiv nicht zu schonen bräuchte. Er hörte sich das an und ließ mich tatsächlich weiterspielen. Dieses Vertrauensverhältnis hatten wir über all die Jahre miteinander aufgebaut. Belichick und ich konnten uns immer alles sagen, auch wenn es der andere vielleicht einmal nicht hören wollte.

In den Tagen und Wochen danach suchte ich also nach Lösungen, mit dieser Schulterverletzung zu leben und – wichtiger noch – zu spielen. Dabei war vor allem das Schlafen ein riesiges Problem. Und das ist es nebenbei gesagt bis heute, denn in meiner rechten Schulter ist kein Stück Knorpel mehr vorhanden. Auf der rechten Seite kann ich nicht mehr schlafen. Wenn ich auf dem Rücken liege, musste ich ein Kissen unter meine Schulter legen, sonst kann ich vor Schmerzen nicht einmal einschlafen. Auf dem Bauch liegen ging damals wegen meines Rückens nicht, also blieb nur noch die linke Seite. Aber auch da musste ich ein Kissen parat haben, weil die rechte Schulter sonst im Schlaf nach vorne gekippt wäre. Gespielt habe ich den Großteil der Saison mit einer Manschette, die den Arm ganz eng ans Schulterpad drückte, damit die Schulter keinen allzu großen Freiraum mehr hatte. Ich lernte also, mit meiner kaputten Schulter zu leben und zu spielen.

Irgendwann wollte ich aber doch noch genau wissen, was denn alles in meiner Schulter kaputt gegangen war. Bei den Untersuchungen kam heraus, dass ich mir das Labrum und die anhängende Sehne gerissen hatte, die zur Stabilisation und Beweglichkeit der Schulter beiträgt. Außerdem sollten um die 50 Knorpelstücke entfernt werden. Genaueres würden die Ärzte aber erst wissen, wenn sie sich die Schulter bei einem Eingriff genauer ansehen würden. Die nächste Operation stand also bevor. Aber erst nach der Saison. Ich wollte um jeden Preis weiterspielen. Da konnten mich auch zwei ausgekugelte Finger nicht aufhalten – zusätzlich zu meiner sowieso schon lädierten Schulter. Denn einige Wochen zuvor hatte ich nach einem Spiel unter der Dusche gestanden, mir die Haare gewaschen und dabei gemerkt, dass der Ring- und der Mittelfinger der rechten Hand im 90-Grad-Winkel von der Hand abstanden. Ich hatte keine Ahnung, wo ich mir diese Verletzung zugezogen hatte. Ich wusste nur, dass ich auch hierfür eine Lösung finden musste. Beim nächsten Training bekam ich also einen Gips an der rechten Hand verpasst, kam damit aber überhaupt nicht zurecht. Ich wurde direkt von einem Rookie Defensive End geschlagen, weil ich ihn nicht richtig greifen konnte, und Belichick meinte nur: »Na super, schon wieder einen Sack abgegeben.« Also ließ ich mir den Gips umgehend wieder abnehmen und spielte lieber mit Schmerzen, als mir noch mal so etwas anhören zu müssen. Außerdem hätte ich mit dem Gips sowieso nicht die Leistung bringen können, die ich von mir selbst erwartete. Wobei Belichick den Gips ja auch gesehen hatte – aber solche Entschuldigungen ließ er eben nicht gelten.

Als NFL-Spieler lernst du, mit Schmerzen umzugehen und sie zu verdrängen. Auf dem Rasen spürst du sie durch das ganze Adrenalin sowieso nicht mehr. Die Amerikaner sagen bei so etwas immer: »It is what it is.« Du kannst die Situation nicht ändern, also bringt das ganze Jammern nichts. Da musste ich mit der Schulter und den kaputten Fingern jetzt eben durch. Für mich haben die Schmerzen auch nie wirklich eine Rolle gespielt. Wenn ich zum Beispiel noch vier Tage bis zum nächsten Spiel hatte, tat ich alles dafür, dann auch auf dem Rasen stehen zu können. Der Fokus war für mich einfach immer, so gut und so schnell wie nur möglich wieder spielen zu können – und nicht die Schmerzen in meinem Körper. Die NFL erlaubt keine Schwächen. Wenn du beispielsweise eine Grippe mit Fieber hattest, bekamst du Antibiotika verabreicht und dann ging es direkt auf dem Trainingsplatz weiter. In solchen Situationen ist unglaubliche mentale Stärke gefragt. Jeder NFL-Spieler versucht letztlich, so lange durchzuhalten, bis er – im übertragenen Sinne – umfällt. Außerdem willst du als NFL-Spieler immer spielen – so wie ich das trotz all meiner Verletzungen immer wollte. Die Option, nicht zu spielen, gibt es in dieser Liga einfach nicht. Bei unserer medizinischen Abteilung bildete sich fast täglich eine lange Schlange von Spielern, die vor dem Training oder Spiel noch schnell ein Tape oder sogar einen Gips brauchten. Damit gingen sie dann raus und spielten. Das war ein bisschen so wie in einer Werkstatt: Die Mechaniker (Ärzte) mussten zusehen, dass die Autos (Spieler) schnell wieder liefen. Letztlich bist du als NFL-Spieler sowieso wie ein Fahrzeug, das ständig wieder repariert und zurück auf die Straße geschickt wird.

Die Saison 2014 lief aber trotz meiner schweren Schulter- und der Fingerverletzung sehr ordentlich für mich und wir erreichten gemeinsam den Super Bowl gegen die Seattle Seahawks. Bei unserer letzten Super-Bowl-Teilnahme in der Saison 2011 waren wir bereits sonntags zum damaligen Austragungsort Indianapolis geflogen und hatten das Endspiel gegen die New York Giants am Ende verloren. Im Vergleich dazu änderte Belichick den Abflug dieses Mal auf den Montag. Dafür mussten wir allerdings vom Flughafen in Arizona aus direkt zum offiziellen Media Day. Ich hielt dieses Event für absolute Zeitverschwendung und es nervte mich deshalb extrem. Anstatt vernünftige Fragen gestellt zu bekommen, blödelten manche Reporter herum und versuchten, einem irgendwelche Streiche zu spielen. Viele von uns standen kurz vor dem wichtigsten Spiel ihrer Karriere und dann kam ein Journalist und wollte mit einem Fußball spielen oder es kam ein Clown angelaufen, der seine Scherze mit einem machte. Da waren einfach viele Leute vor Ort, die sich profilieren wollten. Das fand ich überflüssig und total sinnlos. Zumal wir gerade aus dem Flieger kamen und eigentlich nur noch ins Bett wollten.

Am Dienstag hatten wir dann den kompletten Tag frei. Allerdings blieben wir alle im Hotel und nutzten die Zeit, um den kommenden Gegner auf Video zu studieren. Mittwochs und donnerstags wurde noch einmal jeweils zwei, drei Stunden richtig hart trainiert. Danach mussten wir zu diversen Meetings, in denen wir auf die Seahawks eingestimmt wurden. Der Donnerstag war auch der Anreisetag der Familien und abends gab es extra eine große Veranstaltung für alle. Doch da bin ich bei all meinen Super-Bowl-Teilnahmen nie hingegangen. Für mich war es in diesem Augenblick wichtiger, mich weiter gewissenhaft auf das Spiel vorzubereiten. An so einem Event hätte ich auch eine Woche später noch teilnehmen können. Jetzt stand für mich ganz klar der Super Bowl an erster Stelle, da musste ich nicht gezwungenermaßen Zeit mit Freunden und Familie verbringen. Ich ruhte mich lieber aus und studierte weiter intensiv die Seahawks. Freitags wurde nur noch leicht trainiert und es gab danach keine Meetings mehr – die folgten dann am Samstag, einen Tag vor dem großen Spiel. Freitagabend bekamen wir alle noch einen Test in die Hand gedrückt. Das wurde bei jedem Spiel so gemacht. Darin wurden sämtliche Spielzüge sowie Stärken und Schwächen unserer Gegenspieler abgefragt. Also letztendlich alles, was wir in der Woche zuvor von unseren Coaches erklärt bekommen hatten. Der Tag vor dem Super Bowl lief relativ entspannt ab. Auf einem morgendlichen Meeting wurden die Antworten auf die Testfragen noch einmal ausführlich besprochen. Nach einer finalen Spielsimulation auf dem Rasen hatten wir den restlichen Mittag und Nachmittag frei. Ich beschäftigte mich dann erneut mit unserem Playbook, schaute Filme über Seattle, ging nochmal zur Massage und legte mich aufs Ohr.

Am Sonntag, dem Tag des großen Endspiels, hatten wir morgens unser letztes Meeting und den Rest des Tages bis zur Abfahrt ins Stadion frei. Diesen Tag verbrachte ich genauso wie den Samstag. Letztlich war dieser Ablauf Routine, weil wir es bei Spielen der Regular Season genauso machten wie jetzt beim Super Bowl. Alle lebten in den Tagen vor diesem großen Spiel im Hotel sehr zurückgezogen und versuchten sich intensiv vorzubereiten. Am Ende wollte sich keiner vorwerfen lassen, nicht alles für den Erfolg des Teams getan zu haben. Brady zum Beispiel ging nur zu den Meetings und den Trainingseinheiten und war ansonsten ausschließlich in seinem Zimmer anzutreffen. Dort machte er sich unzählige Notizen und schaute stundenlang Filme. Am Ende hing der ganze Raum voll mit gelben Notizzetteln. Ich selbst versuchte vor dem Super Bowl nichts zu lesen oder im Fernsehen zu schauen. Die hätten mir nichts erzählen können, was ich nicht sowieso schon wusste, und am Ende hätte es mich nur abgelenkt. Ich musste auf den Punkt mental da sein.

Dann war der große Tag gekommen. An diesem Sonntag ging es drei Stunden vor dem Kickoff für uns alle in den Bus und ab in die Arena. Der Rest dieser Geschichte und der Ausgang des Spiels sind bereits bekannt.

Nach der Übergabe der Vince Lombardi Trophy auf dem Rasen des University of Phoenix Stadium in Glendale, Arizona, und den ersten Feierlichkeiten auf dem Spielfeld und im Locker Room ging es für uns alle wie schon 2011 nach der Pleite gegen die New York Giants zu unserer eigenen Party – dieses Mal war es aber wirklich eine Sieges- und nicht bloß eine Abschlussfeier. Die Feier stieg bei uns im Spielerhotel. Allerdings waren dieses Mal auch Unmengen von Patriots-Fans auf der Veranstaltung. Klar, die Eintrittskarten für dieses Event ließen sich vom Klub teuer verkaufen. Wir Spieler konnten allerdings nicht richtig ausgelassen feiern, denn wir hatten kaum Privatsphäre. Den ganzen Abend mussten wir uns durch die Mengen quetschen, Autogramme schreiben und Fotos machen. Zu anderen Anlässen fand ich so etwas nie schlimm, aber auf meiner eigenen Super-Bowl-Party wollte ich eigentlich so ungestört wie nur möglich mit meinen Teamkollegen das Jahr Revue passieren lassen und mich von den Spielern verabschieden, die den Klub nach der Saison verlassen würden. Die Location hatte verschiedene Räume und in jedem Raum spielte eine andere Band oder ein anderer Musiker. Es standen unter anderem die Rapper Pitbull und Rick Ross auf der Bühne. Ich verbrachte die Zeit auf der Party vor allem mit Lindsey, mit der ich damals noch verlobt war, meinen Eltern und meinem Schwager. Wie eingangs schon erwähnt, ist meine Schwester Lehrerin und konnte deshalb leider nicht dabei sein. Die Feier war eher unspektakulär, denn wir konnten uns aus genannten Gründen nicht so richtig gehen lassen. Es war eher so, dass man ein Bier in der Hand hatte und sich in Ruhe ein Konzert anschaute.

Wir verließen die Party dann auch ziemlich früh. Lindsey fuhr in ihr Hotel, die Spielerfrauen waren separat zur Mannschaft untergebracht, und ich ging auf mein Zimmer. Am nächsten Morgen um 8 Uhr flog ich dann wie schon nach der Saison 2011 von Indianapolis aus mit dem Familienflieger zurück nach Boston. Kaum zu Hause angekommen, holte mich sehr schnell wieder die Realität ein und trübte ein bisschen die Freude über den gerade errungenen Super-Bowl-Sieg. Denn ich musste mich um meine verletzte Schulter und meine zwei ausgekugelten Finger kümmern. Nach einer erneuten Ärzte-Tour war klar, dass die Schulter operiert werden müsste, die Finger aber immerhin von alleine wieder heilen würden. Das hoffte ich tatsächlich sehr, weil sie nach wie vor einfach an der Hand herumflatterten. Lindsey und ich wollten ein paar Wochen später auf Saint John in der Karibik heiraten und ich hatte Sorge, dass meine Frau mir bei der Trauung den Ehering nicht würde vernünftig anstecken können.

Wir kamen montags vom Super Bowl zurück und am Dienstag sollte die große Siegesparade durch Boston stattfinden. Wegen eines Schneesturms musste die Feier aber einen Tag nach hinten, auf Mittwoch, verschoben werden. Eigentlich wollten meine Frau und ich genau an diesem Mittwoch in die Karibik fliegen, um vor Ort noch ein paar Dinge für die Hochzeit zu organisieren und sicherzugehen, dass alles klappen würde. Wir einigten uns auf einen Kompromiss, Lindsey flog mittwochs los und ich kam einen Tag später hinterher. Denn die Parade wollte ich mir einfach nicht entgehen lassen. Das war auch gut so, denn es waren über 1,5 Millionen Menschen da, die uns lautstark zujubelten und mit denen wir unseren Sieg ausgiebig feiern konnten. Es war so, als hätte in ganz Boston keiner mehr gearbeitet. Ich werde diese Szenen in meinem Leben nie mehr vergessen. Überall lag Schnee, unsere Fans standen trotzdem im T-Shirt am Straßenrand, sie feierten ausgelassen, warfen uns Bier zu und wir warfen es manchmal wieder zurück. Da ging es wild zur Sache, und ich werde diese Parade für immer sehr positiv in Erinnerung behalten.

Am nächsten Tag flog ich wie verabredet in die Karibik. Nachdem dort alles erledigt und vorbereitet und ich wieder zurück in den USA war, wurde ich an der Schulter operiert. Bei diesem Eingriff schliffen mir die Ärzte den Knochen in der Schulter ein wenig ab, entfernten die bereits erwähnten 50 Knorpelstücke und setzten fünf Anker ein. Ich musste den Arm zum Schutz der Schulter gut sechs Wochen lang in einer Schlinge tragen. Zusätzlich dazu wurden meine beiden ausgekugelten Finger zwar konservativ behandelt, aber ebenfalls zum Schutz mit einem Tapeverband zusammengebunden. Als ich mich mit all diesen Verbänden im Spiegel sah, meinte ich zu dem Arzt: »Ich heirate in sechs Wochen und möchte ungern so vor meiner zukünftigen Frau stehen. Kann ich wenigstens für die Trauung die Schlinge und das Tape an den Fingern abnehmen?« Wir wollten nämlich am Strand heiraten, und da hätte ich extrem unförmig ausgesehen. Ich durfte dann glücklicherweise auch alles ablegen. Aber als wir dann im warmen Sand am Strand standen und meine Frau mir den Ehering anstecken wollte, presste ich die lädierten Ring- und Mittelfinger der rechten Hand aus Gewohnheit und Angst vor Schmerzen so stark zusammen, dass Lindsey den Ring nur schwer an meinen Finger bekam. Ich hoffte in diesem Moment einfach nur, dass Lindsey vorsichtig sein würde. Denn jede noch so kleine Berührung an den Fingern tat höllisch weh. Am Ende klappte es dann doch, aber auf sämtlichen Hochzeitsfotos sieht man, wie ich die Finger eng aneinanderdrückte. Es war ein wunderbarer Tag.

7 Super-Bowl-Sieg 2014 – No Pain, No Gain

Wir hatten uns für eine kleine, intime Feier mit der Familie und unseren engsten Freunden entschieden – und haben es nicht bereut. Wir hatten eine unglaublich schöne Hochzeit und eine wundervolle Zeit in der Karibik.

Doch schon einen Tag nach der Hochzeit flogen wir wieder zurück nach Boston, damit ich meine Reha weitermachen konnte. Ich hätte mir sicherlich noch ein paar schöne Tage in der Karibik gönnen können, aber ich wollte mich eben so schnell wie nur möglich wieder voll auf den Sport und die kommende Saison 2015 mit den Patriots konzentrieren. Mein Ziel war es, trotz meiner Schulterverletzung zu den Mini-Camps, spätestens aber bis zu den offiziellen Trainingslagern wieder fit zu sein.

In dieser Zeit kurz nach Saisonende bekamen alle Spieler per Post einen schwarzen Umschlag zugeschickt. Darin befand sich die Einladung zur offiziellen Super-Bowl-Ring-Zeremonie auf dem Anwesen von Patriots-Eigentümer Robert Kraft. Die Party startete einen Monat später. Lindsey und ich kamen nachmittags am feudalen Anwesen von Kraft an und liefen durch das Vorhaus hinaus in den Garten. Dort stand der Patriots-Eigentümer und begrüßte jeden per Handschlag. Neben den Spielern und ihren Frauen waren alle Coaches, Ärzte, Physiotherapeuten und auch sonst alle Leute da, die mit dem Team etwas zu tun hatten – es wurde jeder Einzelne für den Super-Bowl-Sieg geehrt. Die Gäste waren sehr förmlich in Abendgarderobe gekleidet. Nach der Ankunft gab es zunächst einmal einen Sektempfang und alle konnten mit der Vince Lombardi Trophy ein Foto machen. Kraft hatte im Garten seines Anwesens zwischen dem Vor- und dem Haupthaus ein riesiges weißes Zelt aufbauen und das Patriots-Logo auf seinen Rasen sprühen lassen. Das Zelt war ausgelegt mit einem feinen Teppich und die Tische waren sehr edel eingedeckt. Es war alles sehr elegant.

Zur Nachspeise bekamen wir alle von den Kellnern auf einem Tablett eine Box serviert. Als wir diese öffneten, funkelte uns der Super-Bowl-Ring entgegen. Das war ein unglaublicher Anblick, mit all den Diamanten, mit denen er besetzt war. Für mich war es ja der erste Ring. Im Gegensatz dazu hatte Brady schon fünf und Belichick sogar zehn Ringe gewonnen – also an jedem Finger einen. Ich machte gefühlt tausend Fotos mit meiner Frau und natürlich mit allen meinen Teamkollegen von den Patriots. Danach startete dann die richtige Party. Es gab selbstgedrehte Zigarren, die dort von Profis extra angefertigt wurden, und Live-Musik – an diesem Abend spielte der Rapper Wiz Khalifa. Wir genossen den Abend und feierten bis in die Morgenstunden. Doch an diesem Abend wurde uns auch sehr deutlich klargemacht, dass wir nach dieser Party keinen Gedanken mehr an den eben gewonnenen Super Bowl verschwenden dürften. Dieser Erfolg war Vergangenheit und wir sollten uns ab sofort nur noch auf die kommende Spielzeit konzentrieren. Doch für eine Nacht durften wir noch einmal Kind sein und dieses Schlaraffenland auf dem Anwesen von Robert Kraft genießen.

Als ich zwei Jahre später nach dem erneuten Super-Bowl-Sieg in der Saison 2016 noch einmal mit dem gesamten Team bei Kraft zu Gast sein durfte, war die Party sogar noch ein bisschen pompöser und imposanter. Dieses Mal wurde der Super-Bowl-Ring nicht als Dessert auf einem Tablett gebracht, sondern es stand gleich zu Beginn eine Schatulle auf unseren Plätzen. Diese war aber mit einem Zahlenschloss versehen, das verschlossen war. Irgendwann im Laufe des Abends wurde uns dann die Zahlenkombination zum Öffnen der Schatulle mitgeteilt – sie lautete »283«, für den 28:3-Rückstand, den wir im Super Bowl gegen die Atlanta Falcons aufgeholt und in einen 34:28-Sieg umgewandelt hatten. Doch noch bevor wir den Ring aus dieser Mini-Truhe holen durften, gab es als Nachtisch frittiertes Hühnchen von der US-amerikanischen Fast-Food-Kette Kentucky Fried Chicken. Das hatte schon etwas Witziges, als zwischen dem feinen Besteck und Geschirr auf einmal diese riesigen Pappeimer von KFC standen. Wir ließen es uns schmecken und feierten danach zum Auftritt von Rapper Snoop Dogg.

Ich hatte damals zum Zeitpunkt der Super-Bowl-Feier meine Karriere bereits beendet, und dieser Abend war für mich ein wunderbarer Abschluss meiner Zeit bei den Patriots.

8 Zu Besuch im Weißen Haus

Als zweimaliger Super-Bowl-Champion hatte ich die Ehre, zwei Mal das Weiße Haus in Washington besuchen zu dürfen. Zum ersten Mal im Jahr 2015 nach unserem Erfolg über die Seattle Seahawks. Wir bekamen alle eine offizielle schriftliche Einladung der Patriots mit der Frage, ob wir zum damaligen US-amerikanischen Präsidenten Barack Obama ins Weiße Haus mitfliegen wollten. Der Besuch in Washington war für das Team nicht verbindlich. Jeder Spieler konnte über seine Teilnahme selbst entscheiden. Im offiziellen Anschreiben der Patriots wurde das allerdings nicht so deutlich und man hatte eher das Gefühl, dass eine Teilnahme an der Reise vom Klub erwartet wurde. Letztlich ließen wir uns alle diese Möglichkeit nicht entgehen. Nachdem ich also zugesagt hatte, musste ich aus Sicherheitsgründen meinen Personalausweis zum Weißen Haus nach Washington schicken. Das Prozedere lief so ab, wie wenn man heutzutage als Tourist in die USA einreisen möchte. Wir wurden damals alle durchleuchtet. Der Secret Service wollte einfach sichergehen, dass niemand von uns eine kriminelle Vergangenheit hatte und während des Besuchs im Weißen Haus eine Bedrohung darstellte. Natürlich war das alles nur Routine.

Normalerweise machten wir vor unseren Flügen zu Auswärtsspielen bereits bei unserem Treffpunkt am heimischen Gillette Stadium den Sicherheitscheck. Die Zollbeamten kamen dann extra zu uns und kontrollierten alles, damit wir am Flughafen mit unserem Mannschaftsbus direkt aufs Rollfeld fahren und ins Flugzeug einsteigen konnten. Vor dem Flug nach Washington wurden wir jedoch nicht nur am Stadion, sondern auch noch mal am Flughafen kontrolliert.

Als wir in Washington ankamen, wurden wir in Busse gesetzt und von einer Polizeieskorte und dem Secret Service zum Weißen Haus begleitet. Dort angekommen, mussten wir uns in einem Raum in einer Reihe aufstellen und jeder von uns wurde von einem Bomben-Suchhund beschnüffelt. Danach wurden wir einzeln noch mal gescannt, abgetastet und unsere Identität wurde erneut überprüft. Als das alles überstanden war, wurden wir in einen Empfangsraum im West Wing des Weißen Hauses geführt. Dort kam dann erneut ein Mitarbeiter des Secret Service und sagte uns, dass wir uns alle bitte in einer Reihe an der Wand des Raumes entlang aufstellen sollten. Die Mitte des Empfangsraums musste frei bleiben, wir durften keine Telefone benutzen und sollten hektische Bewegungen dringend vermeiden. Dann erklärte uns der Mann vom Secret Service, dass Obama gleich kommen, jedem Einzelnen von uns die Hand schütteln und auch mit jedem ein Foto machen würde. Danach würde er seine offizielle Rede halten und nach deren Ende sollten wir auf den Rasen vor dem Weißen Haus gehen, um das finale Gruppenfoto zu schießen. Wir fragten die Mitarbeiter vom Secret Service, ob sie eigentlich alle nur für den Präsidenten und dessen Sicherheit zuständig wären. Aber sie meinten, dass sie nur für uns als Team eingeteilt waren – für den Fall eines Anschlags während unseres Besuchs. Die Sicherheitsleute, die Obama schützen sollten, würden wir gar nicht sehen beziehungsweise nicht einmal erkennen. Es war schon extrem spannend, das alles hautnah mitzuerleben.

Obama kam kurz darauf herein und er war genau so locker drauf, wie man ihn aus dem Fernsehen kennt. Er flachste ein bisschen und meinte als eingefleischter Chicago-Bears-Fan: »Ihr seid es. Und schon wieder nicht die Bears.« Obama schüttelte wie angekündigt jedem von uns die Hand und machte dabei ein bisschen Smalltalk. Wir schossen unsere Fotos mit ihm und hörten dann

8 Zu Besuch im Weißen Haus

draußen seine offizielle Rede. Anschließend wurde das Gruppenfoto gemacht und danach ging es für uns in den Bus und ab zum Flughafen. Dort angekommen erfuhren wir, dass unser Flug zurück nach Boston gestrichen worden war. Das war natürlich zunächst einmal sehr ärgerlich, am Ende aber doch sehr nett. Denn wir suchten uns mit dem gesamten Team die nächstbeste Bar im Washingtoner Flughafen und tranken uns einmal quer durch deren Getränkekarte. Das war wirklich ein verrücktes Bild: diese kleine Flughafenbar gefüllt mit 50 feiernden Footballprofis. Ein paar Stunden später war unser Flugzeug dann endlich repariert und wir konnten in Richtung Heimat starten. Da wir alle ein wenig angeheitert und vor allem müde von diesem langen Tag waren, rief Steve Belichick, Bills Sohn, seinen Vater an und meinte: »Vielleicht sollten wir morgen das Training ausfallen lassen. Die Jungs sind alle ziemlich fertig.« Belichick Senior, der bereits mit einer anderen Maschine von Washington abgeflogen war, stimmte dem Vorschlag seines Sohnes dann auch tatsächlich zu. Damit war der kurze aber schöne Ausflug zu Obama beendet.

Doch schon zwei Jahre später bekam ich wieder die Möglichkeit, das Weiße Haus in Washington zu besuchen. Allerdings waren die Voraussetzungen dieses Mal für mich etwas anders. Ich hatte die vorangegangene Saison verletzungsbedingt nicht spielen können, hatte beim Super-Bowl-Sieg der Patriots gegen die Atlanta Falcons entsprechend auch nicht auf dem Platz gestanden und war zum Zeitpunkt der Einladung durch die US-Regierung auch kein offizieller Bestandteil des Teams mehr. Ich hatte kurz zuvor bereits mein Karriereende bekanntgegeben. Allerdings bekam ich trotzdem eine SMS von den Patriots mit der Frage, ob ich mit nach Washington ins Weiße Haus und zum neuen US-Präsidenten Donald Trump fliegen wolle. Für mich war es die letzte Chance, nach meinem Karriereende noch einmal mit meinem Team und dem amtierenden Super-Bowl-Sieger zusammen zu sein und mich dabei gebührend von meinen Kollegen verabschieden zu können. Und ich wollte mir auch die Chance, das Weiße Haus noch einmal von innen zu sehen, nicht entgehen lassen. Also durchlief ich wie bereits zwei Jahre zuvor sämtliche Sicherheitschecks und setzte mich dann mit meinen ehemaligen Teamkollegen in den Flieger in Richtung US-amerikanische Hauptstadt.

Als wir dieses Mal im Weißen Haus ankamen, war der Ablauf anders als noch zwei Jahre zuvor. Zum Empfang spielte ein Orchester, es gab kleine Häppchen zum Essen und nicht-alkoholische Getränke zum Trinken. Außerdem durften wir uns etwas freier bewegen als beim letzten Mal. Irgendwann kam Trump dann auf einmal zu uns und begrüßte alle per Handschlag. Es gab vorher kein Briefing durch den Secret Service oder Ähnliches. Plötzlich war er einfach da. Nachdem er mit uns allen kurz geredet hatte, nahm er uns mit auf eine Art Privattour durch das Weiße Haus. Trump nahm uns sogar mit ins erste Stockwerk, wo die Schlafzimmer der Präsidenten liegen. Es war offensichtlich, dass der Secret Service von dieser Aktion im Vorfeld nichts gewusst hatte, und die Mitarbeiter schienen auch nicht sonderlich begeistert darüber zu sein. Für uns war es aber ein super Erlebnis. Trump zeigte uns das originale Schlafzimmer von Abraham Lincoln. Darin stand der originale Tisch, auf dem die Gettysburg Address geschrieben wurde – und die Rede lag dann auch noch im Original darauf. Es war für mich extrem beeindruckend, diese historischen Zeugnisse einmal mit eigenen Augen zu sehen. Diese Möglichkeit bekommen nur sehr wenige Menschen. Ein Mitarbeiter des Secret Service zum Beispiel erzählte uns, dass er schon seit zehn Jahren im Weißen Haus arbeiten würde, aber in dieser langen Zeit noch nie in den Räumen mit den historischen

8 Zu Besuch im Weißen Haus

Stücken gewesen sei. Zum Schluss gingen wir ins Oval Office und durften dort Fotos machen. Ich kannte das alles nur aus Fernsehserien wie »House Of Cards«. Wer kommt in seinem Leben denn schon mal ins Oval Office? Ich habe diese Erfahrung sehr genossen und werde meine Eindrücke sicherlich nicht mehr vergessen.

Nach dieser privaten Tour hielt Trump noch seine offizielle Rede vor dem Weißen Haus und wir machten das obligatorische Gruppenfoto. Nach der Verabschiedung vom Präsidenten ging es für uns zum House of Representatives, dem Repräsentantenhaus der Vereinigten Staaten. Dort bekamen wir von einem Guide ebenfalls eine private Tour und sahen eine Abschrift der Declaration of Independence. Das war ebenfalls ein sehr nettes Erlebnis. Danach flogen wir wieder zurück nach Boston – dieses Mal pünktlich und ohne Umtrunk in der Flughafenbar.

Für mich sind diese beiden Besuche im Weißen Haus rückblickend etwas ganz Besonderes. Das waren Erlebnisse, die mir letztendlich der Sport ermöglicht hat. Ich sehe das auch heute noch als eine Art Belohnung für das, was wir gemeinsam mit den Patriots erreicht haben. Der American Football ermöglichte mir einen Blick hinter die Kulissen, den sonst kaum ein Mensch gewährt bekommt. Bei Obama lief alles extrem strukturiert ab und alles war bis aufs kleinste Detail durchorganisiert. Bei Trump bekamen wir dagegen eine kleine Privattour. Aber letztlich haben mich beide Empfänge im Weißen Haus, unabhängig von den Präsidenten Obama oder Trump, sehr beeindruckt. Auf einmal selbst im Oval Office zu stehen oder die originalen Gemälde von Abraham Lincoln und George Washington in den Gängen des Weißen Hauses zu bewundern, wird mir immer in Erinnerung bleiben.

Und es zeigt, was einem der Sport auch privat ermöglichen kann. Dafür bin ich sehr dankbar.

9 Endstation Denver

Vor der Saison 2015 verpasste ich aufgrund meiner Schulteroperation erneut die Offseason. Sämtliche Mini-Camps und Trainingslager fanden wieder einmal ohne mich statt. Ich konnte in meiner gesamten Karriere nur in den ersten beiden Jahren, also 2009 und 2010, bei den New England Patriots die ganze Vorbereitung mitmachen. Die restlichen sechs Jahre wurde ich regelmäßig von Verletzungen ausgebremst und war zumeist erst zum Saisonstart wieder richtig oder zumindest halbwegs fit. Nur ein einziges Mal konnte ich in dieser Zeit an einem Trainingslager teilnehmen. Ich musste mich also immer wieder aufs Neue in kürzester Zeit mit sehr viel harter Arbeit zurückkämpfen. Dabei ging es mir selten darum, dass ich mir Sorgen um meinen Platz als Starter im Team machte. Ich wollte einfach so schnell wie möglich wieder auf dem Rasen stehen und meiner Mannschaft helfen.

Am fünften Spieltag der Saison 2015 mussten wir bei den Dallas Cowboys antreten. Das war ein ganz spezielles Spiel, weil man in Dallas als Auswärtsteam von seiner Kabine aus durch den Spielertunnel läuft, der dann kurz vor dem Spielfeld in einer Art Bar endet. Zwar war dort Plexiglas um einen herum, aber dennoch konnte man natürlich hören, wie die Cowboys-Fans zwischen Chicken-Wings-Essen und Bier trinken lautstark pöbelten. Generell habe ich es allerdings sehr genossen, bei einem Traditionsteam wie den Cowboys, die in den USA ja auch gerne als »America's Team« bezeichnet werden, zu spielen. Es ist schon beeindruckend, in deren Stadion mit all den bunten Lichtern und diesem überdimensionalen Videowürfel über dem Spielfeld zu stehen. Wobei mich genau dieser

Videowürfel auch störte. Ich war es gewohnt, dass die Leinwände jeweils am Ende des Spielfelds hingen und ich mir Spielzüge dort wenn nötig noch einmal anschauen konnte. In Dallas musste man sich den Nacken verrenken, um die Spielszenen nochmal auf dem Videowürfel anschauen zu können. Während des Spiels also sah ich dann, dass sich Nate Solder mit schmerzverzerrtem Gesicht an den Bizeps packte. Er hatte sich den Muskel gerissen und musste raus an die Seitenlinie. Die Diagnose bedeutete für Nate, dass er operiert werden musste und monatelang ausfiel. Für ihn übernahm in Dallas zunächst einmal Marcus Cannon die Position des Left Tackles. Allerdings hatte ich in meinem Hinterkopf bereits eine Befürchtung, was Nates Verletzung für mich bedeuten würde.

Denn obwohl Cannon eine Woche später gegen die Buffalo Bills noch einmal als Left Tackle für Solder einsprang, kam Guge nach dieser Partie zu mir und meinte: »Ab sofort wechselst du die Position und spielst nicht mehr Right Tackle, sondern Left Tackle.« Cannon kam als dritter Tackle hinter mir und Solder auf der rechten Seite einfach besser zurecht, also musste ich als erfahrener Spieler weichen. Diese Entscheidung hat mir ehrlich gesagt nicht wirklich gepasst. Ich hatte zuletzt während meines Rookie-Jahres hier und da mal auf der linken Seite gespielt, seitdem aber sechs Jahre am Stück immer als Right Tackle. American Football ist ein sehr technischer Sport, der davon lebt, dass man sich als Spieler über die Jahre hinweg die Automatismen auf seiner Position aneignet. Da ist ein Wechsel von der rechten auf die linke Seite nicht so einfach, wie man sich das vielleicht vorstellen mag. Es ist, wie wenn man sich als Rechtshänder auf einmal mit links die Zähne putzen muss. So fühlt sich das an. Ich hatte im Laufe der Saison dann auch meine Probleme als Left Tackle, schaffte es aber irgendwie, mich anzupassen. Da waren richtig gute Spiele dabei, allerdings auch einige nicht

9 Endstation Denver

ganz so gute. Zum Teil war es sehr frustrierend für mich, weil ich bei manchen Spielern wusste, dass ich sie auf meiner Stammposition als Right Tackle ohne Probleme geblockt hätte. Ich hätte es oftmals gerne viel besser gemacht, aber ich war einfach Right Tackle durch und durch. Deswegen konnte ich auf der linken Seite auch zum Teil nicht die Leistungen bringen, die ich von mir selbst erwartete. Ich war in einem Zwiespalt. Aber ich wollte dem Team unbedingt helfen und wir hatten keine andere Wahl. Ich nahm die Herausforderung also an und versuchte, das Beste aus der Situation zu machen.

Trotz aller Widerstände während dieser Spielzeit kamen wir wieder in die Playoffs und mussten schließlich im AFC Championship Game im berühmt-berüchtigten Mile High Stadium bei den Denver Broncos antreten. Es ist nicht einfach, dort zu spielen. Das Stadion liegt etwa 1500 Meter über dem Meeresspiegel, die Luft in dieser Höhe ist sehr dünn und trocken und ich hatte in Denver immer das Problem, dass mir die Zunge am Gaumen kleben blieb. Andere Spieler klagten zum Teil über Luftprobleme oder Kurzatmigkeit. Das hatte ich alles nicht – was mit Sicherheit auch an meiner Position lag. Ich musste nur kurze Sprints machen, die Wide Receiver oder Tight Ends hatten längere Laufwege und somit größere körperliche Anstrengungen zu bewerkstelligen. Das mit der Zunge war aber schon unangenehm, vor allem, wenn ich doch mal außer Puste war und schnell Luft holen musste. Dann klebte mir jedes Mal die Zunge im Mund fest und ich bekam ihn zum Atmen nicht richtig geöffnet. Es fühlte sich an, als ob ich den ganzen Mund mit Erdnussbutter voll hätte. Aber damit mussten wir Spieler eben zurechtkommen. Das nennt man Heimvorteil. In Foxborough waren es oft Schnee und Eis, die unseren Gegnern das Leben schwer machten, und hier in Denver war es eben die dünne Luft in der Höhe.

Ich spielte in der Partie bei den Broncos wieder Left Tackle und meine beiden Gegenspieler dort hießen Von Miller und DeMarcus Ware. Zwei absolute Top-Stars auf der Position des Defensive End. Natürlich hätte ich gegen Miller und vor allem gegen Ware, der mir auf der linken Seite im Eins-gegen-Eins öfter begegnete als Miller, lieber auf meiner angestammten Position als Right Tackle gespielt. Ich musste aber nach wie vor für den verletzten Nate Solder aushelfen. Wir hatten das gesamte Spiel über große Probleme, die Broncos zu stoppen, und mussten uns am Ende dann auch knapp mit 20:18 geschlagen geben. Ich habe mich einige Zeit später nochmal mit Ware über dieses Spiel unterhalten und er erzählte mir, dass sich die Broncos damals auf den Silent Count unseres Centers eingeschossen hatten. Das ermöglichte es ihnen, sehr früh loszulaufen und somit an unserer Offensive Line vorbeizufliegen. Ich habe das im Spiel damals schon bemerkt, konnte es aber auch nicht verhindern. Das war schon sehr frustrierend. Denver flog damals also zum Super Bowl und wir betrübt nach Hause. Was ich zu diesem Zeitpunkt im Januar 2016 noch nicht wusste: Es sollte das letzte NFL-Spiel meiner Karriere sein. Ich hatte zwar die Saison weitestgehend verletzungsfrei spielen können, allerdings bereitete mir nun nach dem Saisonende meine Hüfte große Probleme. Ich kämpfte schon meine gesamte Footballkarriere mit Schmerzen in diesem Bereich des Körpers, aber ich hatte mich nie operieren lassen – andere Verletzungen waren immer schlimmer und wichtiger gewesen. Doch jetzt musste etwas passieren. Ich konnte kaum noch richtig laufen und suchte einen Arzt in New York auf. Der operierte mich und meinte, dass ich nach diesem Eingriff sechs Monate ausfallen würde. Also alles genau wie all die Jahre zuvor: Die Offseason war schon im Januar nach einer erneuten Operation komplett gelaufen. Wieder kein Mini-Camp, wieder kein Trainingslager, aber zum ersten Saisonspiel wieder fit – so lief das bei mir ja schon die sieben Jahre davor. Ich war es also gewohnt und machte mir darüber auch keine Sorgen mehr. Die Coaches übrigens auch nicht. Sie nahmen es so gelassen hin wie ich, weil sie wussten: Der Vollmer macht das schon.

Nach der Operation in New York musste ich noch einen Tag im Krankenhaus und zwei weitere im Hotel bleiben. Dabei war ich die ganze Zeit an eine Maschine angeschlossen, die meinen Unterleib abwechselnd beugte und streckte. Die Hüfte sollte direkt nach dem Eingriff nicht steif werden, sondern musste dauerhaft in Bewegung bleiben. Ich durfte mich zwischendurch zwar mal kurz abschnallen und aufstehen, ansonsten musste ich liegen und acht bis zwölf Stunden am Tag von dieser Maschine bewegt werden. Lindsey brachte mir in dieser Zeit wieder einmal Essen, besorgte mir Eis zum Kühlen und bediente die besagte Maschine. Es blieb einmal mehr alles an ihr hängen, weil ich mich kaum bewegen konnte. Aber auch das kannte sie ja schon. Nach diesen drei Tagen im Big Apple fuhren wir mit dem Auto rund vier Stunden ins heimische Foxborough. Dort merkte ich schon nach kurzer Zeit, dass nach dem Eingriff in der Hüfte irgendetwas anders war als nach all meinen anderen Operationen zuvor. Ich hatte Schmerzen, die ich sonst nicht hatte. Kurze Zeit nach den Operationen hatte ich immer mal wieder Probleme gehabt, das war auch normal, weil die Wunden noch geschwollen und zum Teil entzündet waren. Dieses Mal fühlte es sich aber anders an. Irgendetwas stimmte nicht so richtig. Ich erzählte das Lindsey und den behandelnden Ärzten, dachte mir aber am Anfang noch nicht viel dabei. Zumal die Ärzte mich wieder beruhigten, mir Spritzen gaben und meinten, dass es mit der Zeit besser werden würde. Mit der Zeit sagte mir mein Bauchgefühl allerdings etwas anderes. Ich ahnte, dass in meiner Hüfte nicht alles so in Ordnung war, wie es mir die Mediziner weismachen wollten.

Als im August 2016 die heiße Phase der Vorbereitung auf die neue Saison begann, war ich immer noch nicht bereit. Die Hüfte machte mir nach wie vor Probleme. Ich war an der rechten Seite operiert worden und wenn ich mich jetzt auf mein linkes Bein stellte, hatte ich das Gefühl, dass mir mein rechtes einfach aus der Hüfte fiel. Es war, als ob das rechte Bein gar nicht richtig im Gelenk verankert wäre, so locker fühlte sich das an. Hinzu kam ein stechender Schmerz, der mich ständig begleitete. Nach einer leichten Trainingseinheit, bei der ich meinen Körper mit vielleicht 30, 40 Prozent meiner Leistungsfähigkeit belastet hatte, konnte ich mich nicht mehr bewegen. Ich hatte vor Schmerzen sogar Tränen in den Augen. Daraufhin ging ich zur Kernspintomografie und dort fanden die Ärzte heraus, dass ich Flüssigkeit im Hüftgelenk hatte und das Gelenk selbst sehr entzündet war. Ich fuhr also ins Krankenhaus und dort holten sie mir mit einer großen Nadel ein Bierglas voll Wasser aus dem Gelenk. In diesem Moment war ich sehr frustriert, weil ich zuvor gerade einmal mit 30 Prozent Intensität trainiert und noch nicht einmal einen Gegenspieler umgehauen hatte. Daran war in diesem Zustand auch nicht zu denken. Ich wollte wie immer so schnell wie nur möglich auf den Rasen zurückkehren. Doch dieses Mal würde ich wohl nicht zum Saisonstart fit werden. Ich rief also einen Hüft-Spezialisten in Vail, Colorado, an und schilderte ihm meine Situation. Bei unserem Telefonat kam heraus, dass er mich noch einmal operieren musste. Da ich vor und nach dem Eingriff auf Hilfe angewiesen war, konnte ich leider nicht alleine nach Colorado fliegen. In der Zwischenzeit war allerdings unser erstes Kind, Annabel, auf die Welt gekommen. Also flogen Lindsey und ich mit einem sechs Wochen alten Säugling nach Denver, damit ich mich in Vail erneut operieren lassen konnte.

9 Endstation Denver

Der Eingriff selbst dauerte sechs Stunden. Der Arzt zog mir dabei das rechte Bein mehr oder weniger aus dem Hüftgelenk heraus, damit er die betroffene Stelle an der Hüfte besser operieren konnte. Er flickte Sehnen wieder zusammen, schliff Knochen ab und brannte in der Hüfte sogar etwas weg. Es war eine sehr aufwendige Operation. Ich musste danach zwei weitere Wochen in Colorado bleiben und dort bereits mit meiner Reha beginnen. Die führte ich später bei den Patriots fort. Im Prinzip war alles genau so wie einige Monate zuvor, als ich schon einmal an der Hüfte operiert worden war. Der große Unterschied war jedoch, dass ich mich nach diesem Eingriff zunächst besser fühlte. Ich hatte zwar noch Schmerzen, aber definitiv nicht mehr so schlimm wie nach dem ersten Mal. Die Patriots setzten mich auf die Physically Unable Perform List, wodurch ich nun zwölf Wochen Zeit hatte, wieder fit zu werden. Ich trainierte also ohne Ende und wollte so schnell wie nur möglich mein Comeback im »Pats«-Trikot geben.

Allerdings hatte mich mein erstes Gefühl nach dem zweiten Eingriff getäuscht. Denn auch dieses Mal blieb ein stechender Schmerz zurück, der mir immer mal wieder von der Innenseite der Hüfte ins rechte Knie zog. Ich konnte ihn mir nicht erklären, aber er behinderte mich natürlich. Das lose Gefühl von zuvor war weg und die Hüfte stabil, aber sie schmerzte eben immer noch. Also bekam ich wieder Spritzen verabreicht, wurde erneut von einem Arzt zum nächsten geschickt und bestimmt zwanzigmal in die Röhre zur Kernspintomografie geschoben. Aber die Lösung des Rätsels wurde nicht gefunden. Die Patriots hielten in dieser Phase so lange wie nur möglich an mir fest. Sie hätten mich zu dieser Zeit längst auf die Injured Reserve List setzen oder mich womöglich sogar entlassen können. Das machten sie alles nicht. Aber natürlich waren auch sie ab einem gewissen Punkt ziemlich ratlos. Ich beschwerte mich regelmäßig über Schmerzen, jeder Arzt versuchte eine andere Behandlung, aber es trat einfach keine Besserung ein. Das war schon eine frustrierende Situation – und zwar für alle Beteiligten. Ich kam mir zwischendurch selbst wie ein Versuchskaninchen vor, weil mir jeder Arzt, der sich die Verletzung anschaute, etwas anderes erzählte und mich auf seine Weise erneut operieren wollte. Letztlich vertraute ich dann wieder dem Arzt aus Vail, der schon den zweiten Eingriff vorgenommen hatte. Er meinte nämlich, dass eine dritte Operation unnötig wäre und ich einfach abwarten müsse. Einige Zeit später konnte ich tatsächlich endlich wieder normal gehen. Die Saison 2016 war für mich trotzdem gelaufen. Die Patriots hatten bis zu den Playoffs gewartet, bis sie mich doch auf die IR-Liste setzen ließen.

In dieser Zeit kamen in mir erste Zweifel auf. Ich fragte mich immer öfter, was ich mir da, und vor allem, warum ich mir das alles überhaupt noch antat. Jeden Tag rannte ich zu einem anderen Arzt, hörte mir die nächste Meinung an und ließ mich auf eine neue Art behandeln. Hier eine Spritze, da ein homöopathisches Mittel und am Ende dann doch wieder ein operativer Eingriff. Ich konnte mich zu diesem Zeitpunkt nicht mehr hinknien, kaum mehr bücken, mein Rücken tat höllisch weh und ich konnte nicht mehr auf meiner Schulter schlafen. Und das nach insgesamt neun Operationen. Mein Körper fühlte sich an wie eine einzige Baustelle. Während meiner Reha nach der Hüftoperation hatten wir wieder angefangen, mit kleinen Boxsäcken zu trainieren, die ich umrennen oder wegschieben sollte. Aber es ging einfach nicht, da mir meine Schulter zu große Schmerzen bereitete. Wenn also tatsächlich meine Hüfte irgendwann wieder hergestellt sein würde, war ich mir nicht sicher, ob ich mit der lädierten Schulter, die ein Jahr vorher operiert worden war, noch mal würde spielen können. Ich befand mich in einem Dilemma.

9 Endstation Denver

Im Dezember 2016 ließ ich mich erneut an der Schulter operieren. Allerdings konnten die Ärzte nicht mehr viel ausrichten, weil das Gelenk schon zu sehr beschädigt und kein Knorpel mehr vorhanden war. Als Übergangslösung schnitten sie mir ein bisschen Knochen weg und öffneten die Kapsel, damit ich mehr Platz hatte, um die Schulter zu bewegen. Über kurz oder lang würde ich aber ein neues Schultergelenk brauchen. So lange müsste ich eben mit den möglichen Schmerzen leben und auch spielen. Zwei Wochen später folgte dann noch ein kleiner Eingriff am rechten Handgelenk, weil ich mich nicht richtig abstützen konnte. Ich kam nicht einmal mehr problemlos aus dem Hot Tub raus. Ich hatte also insgesamt vier Operationen innerhalb eines Jahres. Und das nur, weil ich alles dafür tun wollte, um für die Saison 2017 wieder 100 Prozent fit zu sein. Doch ich hatte begonnen, an diesem Leben zu zweifeln. Seit der Geburt meiner Tochter wusste ich, dass ich das in dieser Form nicht mehr lange mitmachen würde. Denn sosehr ich wieder spielen wollte, so unsicher war es zu diesem Zeitpunkt, ob ich überhaupt noch einmal auf den Rasen zurückkehren könnte.

Die vielen Operationen hatten ihre Spuren hinterlassen und ich merkte tief in mir drin, dass sich meine Karriere langsam aber sicher dem Ende näherte. Auch wenn ich damals noch nicht wusste, wann genau das sein würde. Aber ich war körperlich am Ende, konnte mich kaum noch bewegen, und das wollte ich meiner Familie auf Dauer nicht mehr zumuten.

10 Ein fragwürdiges Ende bei den Patriots

Die Saison 2016 war für mich also beendet. Statt auf dem Rasen verbrachte ich meine Zeit all die Monate dieses Jahres entweder auf dem Operationstisch oder in der Reha. Wir verletzten Spieler durften nicht einmal mehr an den Teammeetings teilnehmen. Das war eine Änderung, die Belichick vor der Saison 2016 eingeführt hatte. Vor diesem Zeitpunkt durften alle verletzten Spieler, die sich in der Reha befanden, an sämtlichen Meetings teilnehmen und blieben somit natürlich auch ohne auf dem Rasen zu stehen auf dem Laufenden. Das war nun nicht mehr so. Belichick wollte niemanden mehr in den Meetings haben, der am Wochenende darauf nicht auch spielen konnte. Seine Begründung: Die Verletzten sollten sich lieber auf ihre Reha konzentrieren und kein möglicher Störfaktor für die anderen in der Vorbereitung auf das kommende Spiel sein. Ich fand diese Entscheidung nicht schlimm. So hatte ich mehr Zeit für die Reha.

Der Erfolg in dieser Saison gab unserem Head Coach dann ja auch Recht. Denn die Patriots erreichten 2016 den Super Bowl gegen die Atlanta Falcons. Das bedeutete, dass es an dem Montag nach dem gewonnenen AFC Championship Game gegen die Pittsburgh Steelers wieder einmal ziemlich hektisch wurde. Ich kannte das ja noch von meinen vorigen beiden Super-Bowl-Teilnahmen. An diesem Tag wurde jedem Spieler ein Umschlag mit einem Zettel drin in die Hand gedrückt, auf dem stand, wie viele Tickets jeder Einzelne bekam, wie es mit Hotelzimmer vor Ort aussah und welche Flüge für Familie und Freunde angeboten wurden. Normalerweise bekam jeder Spieler zwei Freikarten zugeteilt und 15 weitere konnten gekauft werden – für den normalen Ticketpreis zwischen 1000 und 5000 Dollar. Viele Fans und Freunde dachten, dass wir diese Tickets auch von unserem Klub gestellt bekämen und nicht selbst kaufen müssten. Ein Hotelzimmer für die Familie wurde uns zur Verfügung gestellt, jedes weitere Zimmer hätten wir selbst buchen und ebenfalls selbst bezahlen müssen. Also fing natürlich untereinander die Tauscherei an. Denn bei vielen wollten die Eltern und Geschwister mitkommen, aber die Hotels vor Ort waren bereits ausgebucht. Wir mussten also mit unserem jeweiligen Kontingent klarkommen und uns untereinander aushelfen. So konnte man beispielsweise ein Extra-Hotelzimmer gegen ein paar anderen Extra-Tickets eintauschen. Da ging es manchmal stundenlang zu wie auf dem Viehmarkt. Es wurde gehandelt ohne Ende. Wobei viele Spieler gar keine Gegenleistung erwarteten. Sie meinten dann nur, dass sie ihre Kontingente nicht voll ausnutzen würden und wer diese Plätze denn dann haben wolle. Vor allem die Rookies, die diese Situation zum ersten Mal mitmachten, wussten bei diesem Durcheinander manchmal überhaupt nicht, wie ihnen gerade geschah.

Trotz meiner Verletzung ging ich davon aus, dass ich auch dieses Mal wieder einen Umschlag mit den Ticket- und Hotel-Infos bekommen würde. Ich bekam dann auch einen, aber als ich ihn aufmachte, sah ich, dass sie mir nur zwei Freitickets sowie die Option auf zwei weitere Tickets zum Kauf zugeteilt hatten. Das machte mich schon etwas stutzig. Dann fiel mir auch noch auf, dass mein Hotel mindestens eine halbe Stunde außerhalb von Houston, dem Super-Bowl-Spielort, lag. In der Vergangenheit hatte es nur das Spieler- und das Familienhotel gegeben. Dieses Mal hatten sie aber noch ein weiteres Hotel gemietet, in das sie auch mich und meine

10 Ein fragwürdiges Ende bei den Patriots

Familie eingebucht hatten. Ich war also weder mit meinen Teamkollegen noch mit deren Familien unter einem Dach. Das enttäuschte mich schon sehr. Ich hatte acht Jahre lang die Knochen für diesen Klub hingehalten und bekam dafür nun dieses sparsame Angebot. Ich sprach daraufhin mit einigen Spielern, denen es ähnlich ging wie mir. Dann ging ich zu einem Verantwortlichen der Patriots und fragte: »Warum habt ihr mich denn in dieses Hotel außerhalb von Houston gebucht? Und wäre es noch möglich, das Hotel zu tauschen?« Darauf antwortete er nur: »Für diese Buchung können wir leider nichts. Das wurde uns so gesagt. Aber wir bemühen uns um eine Umbuchung.« Klar, sie hatten alle letztlich auch nur das ausgeführt, was ihnen von oberster Stelle aufgetragen worden war. Dass ich nicht mit der Mannschaft wohnen durfte, konnte ich ja noch irgendwie nachvollziehen. Ich weiß ja, wie konzentriert und intensiv ich mich selbst auf so ein Spiel vorbereitet hätte. Dabei hätte ich auch wirklich niemanden stören wollen. Aber dass ich noch nicht einmal direkt neben dem Spielerhotel mit den Familien wohnen durfte, um so wenigstens in der Nähe meiner Kollegen zu sein, ärgerte mich. Stattdessen schickten sie mich mit Freunden und entfernten Verwandten über eine halbe Stunde raus aus Houston. Aber ich akzeptierte die ganze Situation dann schnell, denn ich wollte dafür einfach keine Energie verschwenden.

Ich bekam dann einige Tage später ein Schreiben der Patriots, dass ich nun doch in Houston im Familienhotel eingebucht sei. So weit zumindest der Plan. Ich flog jedenfalls auf eigene Kosten bereits montags nach Texas, weil wir dort Familie haben und die internationalen und vor allem die deutschen Medien Interviews mit mir machen wollten. Von Montag bis Donnerstag hatte die NFL mir ein Zimmer in Houston besorgt und als ich dann donnerstags in das besagte Familienhotel der Patriots einchecken wollte, meinte die

Dame an der Rezeption zu mir: »Auf den Namen Sebastian Vollmer ist kein Zimmer reserviert worden.« Als sich tatsächlich herausstellte, dass ich auf keiner Liste stand und somit auch kein Zimmer für mich vorhanden war, drehte ich mich einfach um und verließ das Hotel wieder. In diesem Moment wurde mir das Ganze zu blöd. Die Familie meiner Frau lebt rund zwei Stunden von Houston entfernt, also setzte ich mich mit Lindsey und unserer Tochter Annabel ins Auto und fuhr mit ihnen zu meiner Schwägerin und zu meinem Schwager und wir übernachteten gemeinsam dort.

Am Tag darauf schickte mir jemand von den Patriots eine SMS und fragte, ob ich denn schon in das Hotel eingecheckt hätte. Nachdem ich ihm erzählt hatte, was passiert war, entschuldigte er sich bei mir für die Umstände und meinte, er würde das umgehend regeln und mir ein Zimmer besorgen. Ich fragte dann noch, wie denn der Spieltag für mich ablaufen würde und ob ich während des Super Bowls bei meinen Teamkollegen am Seitenrand stehen dürfte. Das war allerdings nicht vorgesehen. Stattdessen hatte New England mir und den anderen Verletzten Plätze im Pressebereich reserviert. Ich dachte mir nur: »Nein, danke!« Bei solchen Plätzen hätte ich Stunden vorher im Stadion sein und auf engen, kleinen Stühlen im Pressebereich sitzen müssen. Das wollte ich nicht, zumal ich von dieser Situation genervt war. Ich entschied mich also letztlich dafür, beim Super Bowl nicht ins Stadion zu gehen und die Zeit lieber zu genießen und sie mit meiner Familie und meinen Freunden aus dem College zu verbringen. Rob Gronkowski, der ebenfalls verletzt war, durfte übrigens anders als ich während des Spiels an der Seitenlinie stehen. Das wusste ich in diesem Augenblick aber noch nicht, sondern sah es erst direkt beim Super Bowl im TV.

Wir blieben dann bis zum Sonntagmorgen, dem Super-Bowl-Spieltag, bei der Familie meiner Frau und fuhren erst relativ kurz

10 Ein fragwürdiges Ende bei den Patriots

vor dem Kickoff zurück nach Houston. Dort gingen wir erneut in das Familienhotel, um einzuchecken. Da wurde mir schon wieder gesagt, dass auf meinen Namen kein Zimmer reserviert sei. In diesem Moment kam aber die Managerin des Hotels angestürmt und meinte, jemand hätte für mich angerufen und das Zimmer stünde bereit. Wir checkten also ein, holten uns was Leckeres zu essen und schauten den Super Bowl zwischen meinen Patriots und den Atlanta Falcons auf dem Fernseher in unserem Hotelzimmer an. Ich hatte mich schon vor Spielende dazu entschieden, abends nicht auf die Feier der »Pats« zu gehen. Mit Polizeieskorte vom Stadion aus wäre es kein Problem gewesen, dorthin zu kommen, von unserem Hotel aus wäre es aber sehr aufwendig gewesen. Ich traf mich stattdessen nochmal mit Freunden und war außerdem noch damit beschäftigt, mir die Rückflugtickets meiner Familie für den nächsten Tag bestätigen zu lassen. Denn ich wollte nicht noch so eine Situation erleben wie im Familienhotel. Am Ende klappte das ohne Probleme.

Diese Tage in Houston waren für mich ziemlich enttäuschend. Aber mein Entschluss, mit dem American Football aufzuhören und in Rente zu gehen, hatte damit nichts zu tun. Diese Entscheidung hatte ich für mich schon vorher getroffen. Dennoch hatte ich acht Jahre lang für diesen Sport und für die Patriots alles aufgegeben, die Knochen hingehalten, mich unzähligen Operationen unterzogen und durchweg gute Leistungen gezeigt. Jetzt war ich einmal außer Gefecht gesetzt und ich musste solche Situationen erleben wie in Houston. Ich bin heute nicht mehr böse auf die Entscheidungsträger der Patriots, aber ich hätte mir damals von ihnen einen anderen Umgang mit mir gewünscht.

Die vielen Operationen in den Jahren zuvor und die Geburt unseres ersten Kindes Annabel hatten mir gezeigt, dass es für mich Zeit wurde, ein neues Kapitel aufzuschlagen. Ich hatte in den Monaten zuvor bereits 20 Kilogramm abgenommen und meine Entscheidung, mit dem Football aufzuhören, war über einen längeren Zeitraum gereift. Mit Lindsey hatte ich bereits darüber gesprochen, aber zum Zeitpunkt des Super Bowl hatte ich noch nichts offiziell gemacht.

11 Ein letzter Blick zurück

Ich hatte in meiner Karriere einige Gegenspieler, deren Art und Weise zu spielen mir überhaupt nicht gefiel. Das waren Gegenspieler, die mich mit Absicht verletzt hatten oder die generell bekannt dafür waren, sehr dreckig, also immer an Rande der Legalität zu spielen und Verletzungen von anderen Spielern billigend in Kauf zu nehmen. Gegen solche Jungs war dann jeder Spielzug so hart wie nur möglich. Wenn ich zum Beispiel sah, dass der gegnerische Defensive End meinen Running Back brutal abräumte, obwohl der schon auf dem Boden lag, dann versuchte ich, ihm das im nächsten Spielzug zurückzuzahlen. Wir wurden auf solche Spieler schon unter der Woche bei den Filmanalysen hingewiesen. Da wurde uns erklärt, welche Spieler des kommenden Gegners immer am Rande der Legalität spielten und dass wir auf diese Jungs ganz besonders aufpassen sollten. Somit war im Spiel dann nicht nur ich, sondern die gesamte Offensive Line sehr aufmerksam und teilte gerade gegen diese Jungs mächtig aus. Das wurde uns letztlich immer so eingetrichtert. Wir sollten so hart spielen, wie es die Regeln eben erlaubten. American Football ist manchmal ein brutaler Sport, jeder will um jeden Preis gewinnen, aber man sollte nie den Respekt voreinander verlieren.

Ein positives Beispiel erlebte ich einmal bei einem Gastspiel bei den New York Jets. Ich verletzte mich dort so schwer, dass ich vom Platz gefahren werden musste. Während ich an der Seitenlinie lag, kamen einige Jets-Spieler zu mir und wünschten mir alles Gute und viel Glück mit der Verletzung. So etwas kommt in der NFL nicht unbedingt selten vor, oft denken die gegnerischen Teams bei einer

Verletzung aber auch: Jetzt sind sie einer weniger. Auch wenn nicht alle in der Liga einem immer Respekt entgegenbringen, ist Respekt in der NFL wirklich ein großes Thema. Und ich habe viele Gegenspieler gehabt, mit denen ich immer einen respektvollen Umgang pflegte. Cameron Wake von den Miami Dolphins ist zum Beispiel ein Defensive End, mit dem ich mir bei jedem Aufeinandertreffen erbitterte Matchups geliefert habe. Da ging es sehr hart, aber immer fair zur Sache. Er ist ein unglaublich talentierter Spieler und vor allem in Miami habe ich mich gegen ihn manchmal schwergetan. In Foxborough war es erstaunlicherweise oft genau anders herum. Ich habe es auch sehr genossen, gegen Mario Williams zu spielen. Er war zu meiner aktiven Zeit bei den Houston Texans und den Buffalo Bills unter Vertrag. Wir respektierten uns gegenseitig sehr. Vor allem, weil Williams kein dreckiger Spieler war. Er haute sich zwar immer voll rein, aber ging mit seinen Gegenspielern nie ein unnötiges Risiko ein.

Ein krasses Gegenbeispiel ist Ndamukong Suh. Der ehemalige Defensive Tackle der Miami Dolphins und jetzige Spieler der Los Angeles Rams ist auf seiner Position sicherlich einer der besten Spieler der Liga. Allerdings ist er in der kompletten NFL dafür bekannt, sich in Spielen mit seinen Aktionen immer ganz nah am Rande der Legalität zu bewegen. Es kam nicht selten vor, dass er einem Spieler nach einem bereits beendeten Spielzug noch einmal mit aller Kraft an der Facemask des Helmes herumriss. Das ist gefährlich, weil man sich dabei schwer am Nacken verletzen kann. Suh trat seinen Gegenspielern, wenn sie auf dem Boden lagen, auch gerne mit seinen Stollenschuhen auf die Finger oder sprang ihnen nach einem beendeten Spielzug mit voller Absicht in die Knie. Das sind Dinge, die nicht sein müssen. Wenn man als Gegenspieler mitbekam, wie unfair Suh mit den Teamkollegen umging, versuchte man natür-

11 Ein letzter Blick zurück

lich im Gegenzug, so oft und so hart es eben ging auch gegen ihn auszuteilen. Es gab mal eine Szene, in der Suh unseren Guard über einen gesamten Spielzug hinweg absolut illegal am Kragen festhielt. Bei so einer Aktion kann man sich wirklich schwer am Hals und im Nackenbereich verletzen – und ein Spieler wie Suh weiß das auch. Als wir das damals sahen, reagierten wir beim nächsten Spielzug dann eben darauf. Vor der Art und Weise, wie Suh zu spielen pflegt, hat man einfach keinen großen Respekt – weil sie zeigt, dass er keinen Respekt vor allen anderen hat. Seine Methoden sind aus meiner Sicht einfach indiskutabel.

Als Spieler der New England Patriots war ich allerdings eine gewisse Härte gewohnt. Denn das Team gilt als eine der schwierigsten Franchises, für die man in der NFL spielen kann. Das deckt sich auch mit meiner eigenen Erfahrung. Der Druck und der Standard in Foxborough, das sagt selbst Head Coach Bill Belichick, sind extrem hoch. Das Ziel ist es, jedes Jahr mindestens in die Playoffs zu kommen. Alles andere wäre für die Verantwortlichen absolut indiskutabel. In unseren Urlaubsplanungen standen der Januar und der Februar überhaupt nicht zur Debatte. Denn im Hinterkopf hatten wir immer, dass wir mit diesem Team wieder den Super Bowl erreichen konnten. Eine Denkweise, die sicherlich damit zusammenhing, dass wir sehr erfolgsverwöhnt waren. Ist ja auch klar, wenn man seit dem Jahr 2011 jedes Jahr mindestens das AFC Championship Game erreicht hat. Allerdings redete bei den Patriots öffentlich niemand über die hohen Erwartungen. Das war absolut tabu. Intern wussten wir alle Bescheid, aber die Saisonziele sollten nie nach außen dringen. Wir sollten einfach unseren Job auf dem Rasen machen. Wenn der allerdings nicht wie von den Coaches gewünscht ausgeführt wurde, gab es direkt einen verbalen Einlauf. Ich bin mir sicher, dass das bei den anderen NFL-Teams ähnlich war und auch heute noch ist. Da ich aber während meiner Karriere nur in New England gespielt habe, kann ich das nicht endgültig beurteilen.

2009 spielten wir gegen die Tennessee Titans und gewannen am Ende nach einem überragenden Spiel mit 59:0. Allerdings begingen unser Guard Logan Mankins und ich bei einem Spielzug einen Fehler. Wir veränderten eigenwillig das Blocking-Schema, wie es für diesen Spielzug nicht vorgesehen war. Wir blockten unsere Gegenspieler so erfolgreich, dass wir am Ende des Spielzugs durch unseren Running Back einen 60-Yard-Touchdown erzielten. Logan und ich freuten uns natürlich darüber, doch als wir zur Seitenlinie kamen, schrien uns die Coaches an: »Was zum Teufel habt ihr da gerade gemacht? Diesen Block haben wir nicht trainiert und er war nicht angesagt. Ihr sollt das machen, was wir euch sagen.« Ich konnte die ganze Aufregung zunächst nicht nachvollziehen. Immerhin hatten wir gerade einen 60-Yard-Touchdown erzielt. Der Hintergedanke der Trainer war jedoch, dass das Ganze zwar jetzt funktioniert hatte, aber beim nächsten Spiel schon in die Hose gehen könnte. Denn dann wären die Gegenspieler vielleicht besser.

Am nächsten Tag im Meeting meinte Belichick, dass das 59:0 gegen die Titans schon ganz ordentlich gewesen wäre. Doch dann schränkte er sein ohnehin karges Lob wieder ein und sagte, dass wir die nächste Partie mit Sicherheit verlieren würden, wenn wir die gleichen Fehler machen würden wie gegen Tennessee. Denn trotz dieses deutlichen Ergebnisses war in seinen Augen nicht alles perfekt gewesen. So lief das bei den Patriots immer ab. Je höher und deutlicher wir gewannen, desto mehr Kritik bekamen wir. Belichick wollte uns nie zu hoch fliegen lassen. Wenn der Head Coach mit uns mittwochs den kommenden Gegner besprach, hatten wir danach meistens das Gefühl, das sei die beste Mannschaft der ganzen Welt. Da wurden absurde Statistiken gezeigt: Wenn dieses Team im

11 Ein letzter Blick zurück

zweiten Viertel diesen oder jenen Spielzug gemacht hat, hat es noch nie verloren. Wir kamen manchmal aus diesen Meetings raus und fragten uns allen Ernstes, ob die wirklich so gut sind.

Die Gegner wurden immer gehyped und wir selbst wurden regelmäßig niedergemacht. Es waren bei den Patriots schlicht und einfach keine Fehler erlaubt. So agierten sie schon seit Jahren und mit diesem Konzept waren und sind sie auch überaus erfolgreich. Als Rookie hatte ich in einem Spiel einmal vier False Starts in nur einem Drive. Da dachte ich schon auf dem Rasen daran, wie sehr Scar mich gleich an der Seitenlinie zusammenstauchen würde. Nachdem der Drive dann beendet war, schlich ich als letzter Spieler vom Rasen. Als ich an der Seitenlinie ankam, schaute ich Scar an und er meinte nur: »Setz dich hin.« Er muss gewusst haben, dass ich eigentlich mit einer Schimpftirade gerechnet hatte und beließ es bei einem bösen Blick und diesem kurzen aber vielsagenden Satz.

Wenn du dann doch mal ein Lob bekamst, dann hieß es meistens nur: »Du warst nicht schlecht.« Das war schon wie ein Ritterschlag. Generell war es so, dass, wenn Belichick dich lobte, dein Position Coach dich wieder runterzog und umgekehrt. Du hattest also nie die Chance abzuheben. Das war mental sehr anstrengend. Vor allem für Spieler, die mit dieser Kritik nicht zurechtkamen und sie mit nach Hause nahmen. Als Spieler der Patriots erlebst du täglich eine emotionale Achterbahnfahrt. Außer, du machst als Spieler immer alles richtig. Dafür musst du aber zur absoluten Footballelite gehören. Wenn wir in den Trainingseinheiten Offense gegen Defense spielten, haute Belichick verbal regelmäßig entweder auf die Offensive oder auf die Defensive ein. Es hieß dann beispielsweise: »Schaut euch mal an, wie schlecht unsere Defense ist. Die können wirklich gar nichts, lassen sich von der Offense ein ums andere Mal vorführen.« Die Defensiv-Spieler waren dann so motiviert, dass sie es uns als Offensive

Line so richtig zeigen wollten. Uns ging es natürlich auch so, wenn Belichick an einem anderen Tag die Offensive verbal rundgemacht hatte. Motivation durch harsche Kritik – so sieht sein Plan aus. Man wird bei den Patriots so gut wie nie aufgebaut. Außer, wenn man es wirklich bitter nötig hat. Der Hintergrund ist, dass man bei diesem Klub viel gewinnt und von außen dann erzählt bekommt, was für ein toller Spieler man ist. Diesem Hype will Belichick vorbeugen und seine Spieler auf dem Boden der Tatsachen halten.

Ich sprach in meiner aktiven Zeit sehr viel mit meiner Frau Lindsey und schüttete ihr auch das ein oder andere Mal mein Herz aus. Sie wusste einfach immer, wie sie damit umgehen sollte und was sie mir sagen musste. Das harmoniert bis heute sehr gut und half mir damals enorm. Denn sobald ich mit dem Auto in die Garage fuhr, hätte der Football eigentlich kein Thema mehr sein sollen. Das bekam ich aber vor allem zu Beginn meiner Karriere nur selten hin. Ich nahm sogar mein iPad mit und schaute mir zu Hause selbst nachts noch Analysen zum nächsten Gegner an. American Football fand bei mir 24 Stunden am Tag statt. Da war es enorm schwer, mal von diesem ganzen Druck abzuschalten – umso wichtiger war die mentale Unterstützung meiner Ehefrau. Am Ende meiner Karriere änderte sich das immerhin ein bisschen. Ich wurde gelassener und vertraute auf meine Stärke. Zur Not hätte ich ja auch New England verlassen und woanders unterschreiben können.

Ich ließ mich während meiner Karriere aber voll und ganz auf die Patriots und deren System ein. Ich stellte mich diesem Druck und dieser Erwartungshaltung und somit gab es für mich in meinem Leben lange Zeit nichts anderes als American Football. Bei Heimspielen fuhren viele meiner Teamkollegen vor dem Kickoff morgens nochmal für ein paar Stunden nach Hause, um bei der Familie zu sein. Ich dagegen blieb lieber im Hotel. Mir war es emotional zu an-

11 Ein letzter Blick zurück

strengend, zu meiner Familie in ein liebevolles Umfeld zu fahren und mir fünf Stunden später auf dem Rasen mit meinem Gegenspieler die Köpfe einzuhauen. In den letzten Jahren meiner Karriere fuhr ich dann allerdings auch nach Hause, zog mich aber in den Keller zurück und bereitete mich dort physisch und psychisch auf das Spiel vor. Ich kam meistens rein ins Haus und verkroch mich irgendwo, damit ich mit meinen Gedanken alleine sein konnte. Für mich war diese lange Konzentrationsphase vor den Spielen sehr wichtig. Ich habe es am Anfang geliebt, erst abends um 20 Uhr zu spielen. Zum Schluss war es mir lieber, wenn wir schon um 13 Uhr spielten und ich danach zu Hause noch ein bisschen Zeit mit der Familie hatte. Trotzdem wollte ich immer zu 100 Prozent fokussiert sein. Für die Patriots und den Erfolg des Teams war ich bereit, alles andere schleifen zu lassen. Ich verpasste Geburtstage, feierte nie Weihnachten oder Silvester und musste Beerdigungen von Familienmitgliedern absagen. Meine Frau Lindsey musste das alles mittragen. Auch sie musste in diesen vielen Jahren auf viele Dinge verzichten. Ich schaffte es ja noch nicht einmal zur Hochzeit meiner Schwester. Vor allem das tut mir im Nachhinein sehr leid. Denn ich weiß, wie enttäuscht sie darüber war, und ich wollte ihr nicht wehtun. Wir waren damals mitten im Trainingslager und eine Reise nach Deutschland war in dieser Phase leider einfach nicht möglich.

Ich bin ein sehr nachdenklicher Mensch, der Entscheidungen immer sehr gut abwägt. Für mich gab es damals nur Football, Football und nochmal Football. Durchschnittlich schafft es ein NFL-Spieler, sich drei Jahre lang in der Liga zu halten. Ich habe es acht Jahre lang geschafft. Dafür habe ich jeden Tag versucht, das Maximale aus mir und meinem Körper herauszuholen und damit mein Karriereende so lange wie möglich hinauszuzögern. Jetzt, nach der Karriere, versuche ich, vieles nachzuholen.

12 Jetzt zählt nur noch die Familie

Das Jahr 2016 war im Rückblick sehr hart für mich. Die vier Operationen innerhalb von nur zwölf Monaten waren nicht spurlos an mir vorbei gegangen, und dann kam in dieser Zeit auch noch der Film »Concussion – Erschütternde Wahrheit« mit Will Smith in die Kinos. Ein Film über die Gesundheitsrisiken der NFL, vor allem über mögliche Langzeitschäden aufgrund von Kopfverletzungen. Es war zwar ein Hollywoodfilm mit all seinen zum Teil übertriebenen Darstellungen, aber er regte mich trotzdem zum Nachdenken an und beschäftigte mich in diesem Moment sehr. Ich dachte auf einmal nicht mehr nur über mich selbst nach, sondern auch über meine Ehefrau und meine damals gerade geborene Tochter. Und wir wollten gerne noch mehr Kinder. Heute haben wir neben Annabel noch einen Sohn namens Lucas. Ich habe jetzt eine kleine Familie, um die ich mich kümmern muss und um die ich mich unbedingt kümmern will. Ich stellte mir also die Frage, welche Auswirkungen die Verletzungen, mit denen ich mich mit Ende 20 herumschlagen musste, im späteren Alter von 50 oder 60 Jahren auf meinen Körper haben würden. Denn ich wollte sowohl physisch als auch psychisch für meine Familie da sein – auch im Alter. Ich habe meine gesamte aktive Karriere trainiert ohne Ende und meinen Körper nie geschont. Bei mir gab es immer nur 100 Prozent Einsatz. Manche meiner vielen Verletzungen waren sicherlich auch eine Folge davon. Mir war es das alles auf einmal nicht mehr wert. Ich hatte insgesamt zwei Super Bowls gewonnen, einen verloren und alle Höhen und Tiefen des Sports miterlebt. Jetzt reichte es einfach. Die Familie sollte ab sofort an erster Stelle stehen.

Mein Körper hatte über all die Jahre natürlich den einen oder anderen Schaden genommen, sodass ich mich schon während meiner Reha in der Saison 2016 intensiv damit beschäftigte, wie ich wieder so fit und gesund wie nur möglich werden könnte. Ein großes Thema war für mich auch mein Gewicht. In meiner aktiven Zeit wog ich 150 Kilogramm. Natürlich war da viel Muskelmasse dabei, aber so ein Gewicht ist für die Gelenke und Knochen des Körpers trotzdem auf Dauer nicht gesund. Vor allem dann nicht, wenn ein Körper sowieso schon voll Arthrose ist, man an der Hüfte operiert wurde und ein Bein mehrmals gebrochen war. Ich hatte allerdings während meiner gesamten Karriere Probleme damit, mein Gewicht zu halten oder zuzulegen. Meine Ernährung war all die Jahre darauf ausgelegt, auf einem möglichst gesunden Weg viele Kalorien zu mir zu nehmen. Also nicht nur Pommes und Burger zu essen, sondern Haferflocken und Obst, Erdnussbutter, Avocados oder löffelweise Olivenöl. Das sind alles kalorienreiche, aber eben gesunde Produkte. Und genau diese Lebensmittel esse ich heutzutage nach wie vor, aber eben nur noch in Maßen. Diese Umstellung war sehr leicht für mich, weil ich es all die Jahre als Qual empfunden habe, immer so viel in mich reinstopfen zu müssen. In meinem letzten NFL-Jahr lernte ich deswegen sehr intensiv, wie viele Kalorien in welcher Nahrung drinstecken und wie viele ich für meinen Körper überhaupt brauche. Hierfür holte ich mir auch Hilfe bei verschiedenen Ernährungsberatern. Ich machte mir eine Liste, was ich wann jeden Tag aß und wie viel ich trainierte. Denn nur so konnten wir gemeinsam herausfinden, welche Ernährung für mich die beste wäre. Mein Fokus war zunächst einmal, mit aller Macht Gewicht zu verlieren.

Allerdings stellte ich nicht nur meine Ernährung um, sondern passte auch das Training meinen Bedürfnissen an. Denn jetzt ging es nicht mehr nur um Kraft, Masse, Schlag-Power oder darum, dass ich die 200 Kilogramm beim Bankdrücken elfmal stemmen konnte. Für das normale Leben brauchte ich das nicht mehr. Ich entwickelte also ein eigenes System und trainierte von nun an mit etwas leichteren Gewichten oder mit Bändern. Ich wollte so fit wie nur möglich sein. Aus heutiger Sicht muss ich sagen, dass sich diese Mühen alle gelohnt haben. Denn trotz meiner vielen Verletzungen und Operationen fühle ich mich tatsächlich sehr gesund und fit. Natürlich habe ich die eine oder andere Einschränkung, aber ich kann heute wieder mit meinen Kindern spielen – und genau das wollte ich immer erreichen. Es gab Zeiten, da konnte ich mit meinen 150 Kilogramm gerade einmal um den Block gehen und danach waren meine Knie alleine von dieser kurzen Belastung dick angeschwollen und die Beine schmerzten fürchterlich. Hinzu kamen die Schmerzen in der Hüfte, im Rücken und in den Fußgelenken. Heute kann ich spazieren gehen, so lange ich möchte, und habe diese Beschwerden nicht mehr. Tatsächlich vergeht aber auch heute kein Tag, an dem ich keine Schmerzen in meinem Körper spüre. Diese versuche ich zu minimieren, indem ich sechsmal die Woche ins Fitnessstudio gehe und an meinem Körper arbeite. Ich brauche das auch für mein geistiges und körperliches Wohlbefinden. Außerdem werde ich irgendwann mal ein künstliches Schulter- und ein Hüftgelenk benötigen. Das will ich aber so lange wie möglich hinauszögern und arbeite darauf hin, dass mir diese Operationen erst im hohen Alter drohen. Doch der Schaden im Körper ist einfach da. Da hilft kein Lamentieren und kein Hadern. Es ist, wie es ist, und ich möchte das Leben nach der Karriere jetzt so lange wie nur möglich genießen. Die Schindereien der vergangenen zehn Jahre sollen sich ja wenigstens gelohnt haben – und das haben sie aus heutiger Sicht definitiv auch.

Schon zu meiner aktiven Zeit sprachen wir in der Patriots-Kabine immer mal wieder über das Thema Karriereende. Denn beim

American Football kann jeder Spielzug dein letzter sein. Ein Spieler kann sich innerhalb von einer Sekunde so schwer verletzen, dass es das Karriereende bedeutet. Das ist das Risiko dieser Sportart. Jeder muss für sich selbst entscheiden, ob der Erfolg diese Risiken wert ist. Unter Teamkollegen, aber auch mit Lindsey, sagten wir uns gegenseitig fast jeden Tag: »Wie lange wollen wir uns das eigentlich noch antun?« Das war sicherlich nicht immer ernst gemeint, aber ein bisschen Wahrheit steckte in diesen Aussagen schon drin. Wir alle wussten um die Risiken des American Football und wir wollten natürlich alle möglichst gesund aus unseren Karrieren rauskommen. Ich hatte auch Momente, in denen ich dachte: »Hoffentlich verletzte ich mich jetzt nicht mehr.« Vor allem dann, wenn wir im letzten Viertel schon mit 20 oder 30 Punkten uneinholbar vorne lagen. Oder im AFC Championship Game, als klar war, dass wir zum Super Bowl fahren würden und ich dann natürlich auf dem Rasen stehen und nicht verletzt von der Seitenlinie aus zuschauen wollte. Ich hatte diese Gedanken wahrscheinlich öfter als andere, weil ich in meiner Karriere verhältnismäßig oft verletzt war und operiert werden musste.

Meine Frau war sicherlich sehr erleichtert, als ich irgendwann Ende des Jahres 2016 den endgültigen Entschluss gefasst hatte, die Footballschuhe an den Nagel zu hängen. Allerdings hätte sie das nie gesagt. Lindsey war und ist sehr feinfühlig. Sie wusste auch, dass, wenn sie mich jemals gebeten hätte, mit dem American Football aufzuhören, ich es höchstwahrscheinlich nicht gemacht hätte. Und ich bin rückblickend froh, dass sie mich nie danach gefragt hat. Sicher war ihr klar, dass ich diese Entscheidung für mich selbst treffen musste. Vielleicht wollte sie auch nicht später von mir dafür verantwortlich gemacht werden, ihr zuliebe aufgehört zu haben. Jedenfalls überließ sie diese weitreichende Entscheidung mir.

12 Jetzt zählt nur noch die Familie

Ich kann mich noch an das Gespräch mit Belichick erinnern, in dem ich ihm mitteilte, dass ich aufhören würde. Ich absolvierte gerade eine Reha-Einheit auf dem Klubgelände, als Belichicks Assistent Berj Najarian zu mir kam und mich fragte, ob ich Zeit hätte, mit Bill zu sprechen. Ich ließ mir ein wenig Zeit, trainierte in aller Ruhe zu Ende, sprach noch mit ein paar Leuten und verabschiedete mich von ihnen, ohne irgendetwas anzudeuten. Tief in mir drin wusste ich jedoch, dass es mein letzter Tag bei den Patriots war. Und ich war mir sicher, dass Belichick es ebenfalls wusste. Also genoss ich den Tag und ging anschließend zu ihm ins Büro. Belichick witzelte sofort herum, ob ich mittlerweile schon bei unter 100 Kilogramm angekommen sei, und ich meinte: »Noch nicht, aber ich arbeite dran.« Dann wurde das Gespräch ernster. Wir saßen uns an seinem Schreibtisch gegenüber und Belichick sagte: »Ich mache mir Sorgen um deinen Körper. Ich würde mir für dich wünschen, dass du mit dem Footballspielen aufhörst und dein Leben genießt. Ich habe in der Vergangenheit leider Spieler gesehen, die den rechtzeitigen Absprung verpasst haben.« Er hatte meine Entwicklung in den vorangegangenen Monaten natürlich aufmerksam verfolgt und wusste um meinen körperlichen Zustand. Wir entschieden dann sehr schnell gemeinsam, in Zukunft getrennte Wege zu gehen. Belichick meinte, dass ich mir keinen Stress machen müsste. Ich sollte in aller Ruhe meinen Spind ausräumen und mit den Ärzten ein ausführliches Abschlussgespräch führen. Das war ein großes Entgegenkommen, denn normalerweise mussten entlassene Spieler unverzüglich das Gelände des Vereins verlassen. Zwar wurde ich nicht entlassen, sondern habe aus freien Stücken aufgehört. Aber da es ein In-die-Rente-Gehen in der NFL nicht gibt, mussten die Patriots mich aus rechtlichen Gründen irgendwann offiziell entlassen, nicht zuletzt, damit ein Platz im Kader frei wurde. Das Gespräch mit Belichick hatte ich dienstags und er gab mir bis Freitag Zeit. So konnte ich mich noch von einigen Leuten bei den Patriots verabschieden. Das war mir sehr wichtig. Immerhin hatte ich acht Jahre bei diesem Klub verbracht.

Es war nicht das erste Mal, dass Belichick sich mir gegenüber positiv verhielt. So grimmig und streng er oftmals nach außen wirken mag, so angenehm kann der Head Coach im persönlichen Kontakt sein. Einmal spielten wir am Abend von Thanksgiving bei den Detroit Lions. Wir gewannen das Spiel und nach der Partie kam Belichick in der Kabine zu mir und meinte: »Ich weiß, dass dieser Klub ein ziemlich schwieriger Ort ist, um American Football zu spielen, und dass ich immer sehr viel von euch Spielern verlange. Aber heute ist Thanksgiving und ich möchte dir persönlich einmal Danke sagen. Du bist wirklich ein guter Spieler.« Während meiner gesamten Zeit bei den Patriots habe ich vom Head Coach bestimmt dreißigmal den Game Balls bekommen, als Anerkennung für meine jeweilige Leistung. Auch das ist Belichick.

In der Nacht nach dem Gespräch mit Belichick über mein Karriereende konnte ich nicht schlafen. Aber nicht, weil ich jetzt offiziell mit dem American Football aufhörte, sondern weil sich in meinem Leben wieder etwas verändern würde. Danach habe ich jede Nacht super geschlafen und meine Entscheidung, mit dem American Football aufzuhören, nicht eine Sekunde bereut.

Ich bin mit mir absolut im Reinen, habe in diesem Sport alles erreicht, was man erreichen kann, war einer der besten Spieler auf meiner Position, habe zwei Super-Bowl-Ringe gewonnen und beim wohl besten Team der vergangenen 20 Jahre in der NFL gespielt. Ich habe nicht das Gefühl, sportlich irgendwas verpasst zu haben. Mein Freund und langjähriger Teamkollege Tom Brady, den ich all die Jahre als Right oder Left Tackle beschützt habe, sagte mir zum

12 Jetzt zählt nur noch die Familie

Abschied: »Ich werde dich vermissen.« Ein Satz, der mir sehr viel bedeutet. Es ist einfach schön, von einem Spieler und vor allem Kumpel wie Brady so eine große Wertschätzung zu erfahren. Ich bin überhaupt froh, durch den Sport so gute Freunde gefunden zu haben. Sie alle waren und sind immer noch eine Bereicherung für mich. Zumal es in der NFL häufig vorkommt, dass Spieler entlassen werden oder von selbst ihre Koffer packen. Es ist also nicht selbstverständlich, dass man solche netten Worte mit auf den Weg bekommt. Aber es zeigt letztlich auch unser Verhältnis untereinander. Ich wollte auf dem Rasen sportlich immer für meine Mannschaft da sein und habe mich deswegen sehr geärgert, dass ich in meinem letzten Jahr nicht mit dem gesamten Team auf dem Rasen stehen konnte. Ich saß oft auf der Tribüne oder vor dem Fernseher und dachte bei dem einen oder anderen Sack, dass das mit mir vielleicht nicht passiert wäre. Zum Abschied meinte ich noch mit einem Augenzwinkern zum damals 41-jährigen und heute immer noch aktiven Tom, dass ich zu unserem zehnjährigen Jubiläum wohl am Seitenrand stehen und er immer noch spielen würde. Da mussten wir beide lachen. Das ist wohl selbst für ihn eine zu lange Zeit.

13 Die Lehren aus meiner Footballkarriere

Bei der Geschichte meiner NFL-Karriere sind viele negative Seiten des American Football beleuchtet worden. Aber obwohl der Sport so viele Fallen bereithält, gibt er einem auch viele großartige Dinge und Erlebnisse zurück. Denn wenn es so schlimm gewesen wäre, hätte ich ja schon in Deutschland oder spätestens im College wieder mit dem Football aufhören können. Es wurde mir in dieser Zeit ja nicht nur einmal von Ärzten geraten, den Sport wegen meiner körperlichen Verletzungen aufzugeben. Das habe ich aber nicht getan. Nicht nur aus Liebe zum American Football, sondern eben auch, weil der Sport mir über die Jahre sehr viel zurückgegeben hat. Er hat meine elterliche Erziehung von zu Hause noch erweitert.

Der American Football hat mir unter anderem gezeigt, dass sich harte Arbeit am Ende immer auszahlt. Du musst nicht der talentierteste Sportler oder Arbeitnehmer sein, aber du kannst in deinem Leben sehr viel mehr erreichen, wenn du es schaffst, härter und damit wahrscheinlich auch mehr zu arbeiten als alle anderen. Dieses »outwork everybody« habe ich definitiv im Football gelernt. Wenn man viel Zeit und Energie in etwas hineinsteckt und den Willen zeigt, besser zu werden, dann kann man sehr viel aus sich selbst herausholen und Defizite kompensieren. Wenn man dann im Sport auch noch mit Talent gesegnet ist, kann es vielleicht sogar für eine Profikarriere reichen. Ich wollte zum Beispiel technisch immer perfekt sein, weil ich damit meine athletischen Schwächen ausgleichen konnte. Jeder meiner Schritte, jeder Zentimeter, ja sogar jeder Millimeter musste absolut stimmen, damit ich in meinen Gedanken überhaupt eine Chance auf dem Footballfeld hatte. So besessen war ich von dieser Sportart. Ich wollte alles, was ich gelehrt bekam, sofort zu 100 Prozent umsetzen. Wenn ich Filmanalysen schaute, korrigierte ich mich beispielsweise meistens selbst. Durch das viele Coaching hörte ich Scars Stimme schon in meinem inneren Ohr, bevor er überhaupt selbst etwas sagen konnte. Allerdings muss man auch bereit sein, sich coachen und von anderen Menschen Ratschläge geben zu lassen. Das sind letztlich alles Lehren, die man auch auf das normale Leben, also den Alltag übertragen kann. Denn wenn ich wirklich etwas möchte, dann muss ich auch etwas dafür tun. Ich habe viele Spieler erlebt, die mit Sicherheit mehr Talent hatten als ich, aber nie so erfolgreich waren. Die haben sich vielleicht zu sehr auf ihrem Talent ausgeruht. Da spielt auch Disziplin eine große Rolle. Ich stehe selbst heute noch jeden Tag morgens um 5 Uhr auf und gehe trainieren. Das habe ich bei den Patriots so gemacht und auch nach meiner Karriere so beibehalten. Ich möchte schon etwas für mich getan haben, bevor der Tag richtig begonnen hat. So war das bereits in meiner Zeit als Footballer. Da hatte ich meine erste Einheit hinter mir, bevor um 8 Uhr die ersten offiziellen Meetings stattfanden. Ich wollte und will einfach produktiv sein. Das brauche ich für meine Psyche, aber auch für meine Physis. Wenn ich frühmorgens schon etwas vollbracht habe, regt mich das sofort zu weiteren Taten an. Das geht dann den gesamten Tag so weiter.

Man muss letztlich für sich selbst entscheiden, was einem wichtig ist. Während meiner aktiven Karriere stand Football immer an erster Stelle. Also setzte ich meine Prioritäten danach. Bei jeder noch so kleinen Entscheidung, die ich in dieser Zeit traf, hatte ich Foot-

13 Die Lehren aus meiner Footballkarriere

ball im Hinterkopf. Fahre ich in den Urlaub? Wenn ja, ist da ein Fitnessstudio in der Nähe? Ich wollte ja jeden Tag trainieren. Eine Silvesterparty kam für mich beispielsweise nie infrage, weil ich ja am nächsten Morgen wieder früh raus und zum Training musste. Selbst bei so kleinen alltäglichen Entscheidungen wie Burger mit Pommes oder vielleicht doch lieber einen Salat zum Mittagessen, hatte ich den Sport im Kopf – und entschied mich am Ende zumeist für das Grünzeug. Irgendwann fallen einem diese Entscheidungen aber auch leicht. Jedenfalls, wenn Football ganz oben in der persönlichen Prioritätenliste steht. Wenn ich in der nächsten Woche ein Spiel habe, trinke ich in der gesamten Zeit davor keinen Alkohol. Denn in den Tagen vor der Partie ist ja Training und dafür will ich so fit wie nur möglich sein. Wenn danach bereits das nächste Spiel folgt, trinke ich wieder keinen Alkohol. Das sind jetzt nur banale Beispiele. Natürlich muss man manchmal auch harte Entscheidungen treffen, die andere verletzen oder vor den Kopf stoßen. Aber wenn einem der Sport wichtiger ist, dann müssen einem die Meinungen anderer fast schon egal sein. Das klingt hart, aber daran führt leider kein Weg vorbei, wenn man erfolgreich sein will. Ich hatte das Glück, dass meine Familie immer hinter mir stand, alle meine Entscheidungen nachvollziehen konnte und mich jederzeit unterstützte.

So krass das aber auch alles klingen mag: Es hat mir letztlich sehr viel ermöglicht. Dank des Footballsports konnte ich meine Geschichte zum Beispiel in meinem eigenen Ferienhaus am Strand in Florida aufschreiben. Ich habe durch den American Football meine Frau kennengelernt und kann meiner Familie nach der Karriere etwas bieten. Die Schindereien der vergangenen Jahre haben sich definitiv gelohnt und ich bereue keinen einzigen Tag davon. Ich habe durch den Sport die Welt gesehen, wunderbare Freundschaften geschlossen, durfte zwei Mal das Weiße Haus in Washington besuchen und habe drei Mal im größten Sportereignis der Welt, dem Super Bowl, gestanden. Ich habe meinen Traum gelebt, mich verwirklicht und in einer Liga gespielt, der NFL, in deren Historie es nur ein paar Tausend Spieler gibt. Zudem habe ich zwei Collegeabschlüsse gemacht, für die ich nichts zu bezahlen brauchte, da sie durch mein Footballstipendium abgedeckt waren. Ich kann jetzt Zeit in Deutschland oder den USA verbringen, bin frei, zu tun und zu lassen, was ich möchte. Das alles hat mir der Sport ermöglicht. Wenn es American Football für mich nicht gegeben hätte, würde mein Leben heute anders aussehen.

Ich hatte einfach das Glück, zur richtigen Zeit am richtigen Ort zu sein. Und große Hilfe und Unterstützung von anderen Personen zu bekommen. Ich bin überzeugt davon, dass man ohne die Hilfestellung anderer nichts Großes erreichen kann. Hätten mich meine Mutter und mein Vater damals nicht fast jeden Tag zum Training der Panther nach Düsseldorf gefahren, wäre ich ganz sicher niemals täglich zwei Stunden in die Bahn gestiegen, um zu den Einheiten zu kommen. Ab und zu wäre das in Ordnung gewesen, aber eben nicht dauerhaft. Ich glaube nicht daran, dass man es ganz alleine nach oben schafft. Man braucht Hilfe und glückliche Zufälle, also Dinge, die man selbst nicht beeinflussen kann. Wenn die Oakland Raiders mich damals nicht gewollt hätten, hätten mich auch die New England Patriots nicht schon in der zweiten Runde des Drafts gepickt. Sie wussten, dass die Raiders in der dritten Runde zuschlagen wollten, also holten sie mich schon früher nach Foxborough. Bei alledem spielt sicherlich eine Mischung aus Glück, Können und Arbeit eine große Rolle. Aber davon kann man nur eine Rolle selbst bestimmen: die Arbeit. Das Talent ist gottgegeben, daran kann man nichts ändern, sondern nur versuchen, es zu verbessern.

13 Die Lehren aus meiner Footballkarriere

Wenn es da draußen Leute gibt, die sich als Footballer in den USA und später vielleicht sogar mal als Profi versuchen möchten, dann kann ich ihnen nur empfehlen, den Weg über das College zu nehmen. Ich selbst habe erst mit 15, 16 Jahren mit dem American Football angefangen und empfand das als völlig ausreichend. Ich würde keinem zwingend raten, unbedingt früher mit der Sportart anzufangen. Doch vor dem College würde ich mir zunächst einmal einen guten American-Football-Klub in Deutschland suchen, der einem als Spieler keine schlechten Eigenschaften beibringt. Denn hier in den USA sagt man: »Bad habits are worse than no habits at all.« Außerdem kann ich jedem nur raten, möglichst frühzeitig ordentlich Englisch zu lernen, sodass man sich später im College ausreichend verständigen kann. Ich selbst hatte so manche Probleme mit der Sprache und hätte mir gewünscht, den Englischunterricht vorher ein bisschen ernster genommen zu haben. Das hätte mir in den USA einiges ersparen können. Auch mit dem Krafttraining hätte ich vielleicht ein, zwei Jahre früher anfangen können. Denn im College sollte man physisch bereits topfit sein. Außerdem sollte man schon in Deutschland darauf achten, sich als Spieler breit aufzustellen, also so viele Positionen spielen zu können wie nur möglich. Denn so steigert man die Wahrscheinlichkeit, später mehr Spielzeit zu bekommen. Reine Spezialisten haben es nämlich deutlich schwerer.

Was die Wahl des Colleges betrifft, spielen die Größe und der Name eine eher untergeordnete Rolle. Ich selbst war an der University of Houston und die war nicht unbedingt für viele Draft-Picks in ihrer Geschichte bekannt. Ich hatte damals das Glück, dass Jeff Reinebold mich an die Hand nahm und seine Freunde in den USA anrief. Er erledigte alles für mich und ebnete damit meinen Weg ins College. Die andere Möglichkeit wäre aus meiner Sicht, einen

Highlight-Film von sich zu drehen und an die Verantwortlichen der Colleges zu schicken. Manchmal muss man einfach ein bisschen dreist sein und sagen: »Hey, ich komme aus Deutschland, aber ich kann ganz gut American Football spielen. Schaut euch doch mal meine Highlights an.« In Sachen Talent, Größe und Stärke stehen wir den US-Amerikanern in nichts nach. Also warum sollte man es nicht wenigstens einmal versuchen? Aber alles andere, was vielleicht danach kommen sollte, liegt nicht mehr in der eigenen Hand. Der mögliche Sprung in die NFL ist nicht planbar. Man muss einfach immer alles geben und am besten nie über sich selbst reden. Man sollte andere über sich sprechen lassen und die Antwort lieber auf dem Platz geben. Mehr als die beste Version von einem selbst kann man am Ende ohnehin nicht sein. Vielleicht klappt es dann ja sogar mit einer Karriere in der NFL.

Deshalb an alle, die es versuchen wollen: Ich wünsche Euch von Herzen viel Erfolg!

You can do it!

Euer Sebastian

Nachwort – Bill Belichick (Head Coach der New England Patriots)

Als ich Sebastian kennenlernte, war mein Eindruck von ihm durchweg positiv. Er spielte damals am College für die Houston Cougars und wirkte auf mich persönlich sehr engagiert, sehr intelligent, wortgewandt, aber auch ein wenig nachdenklich. Sebastian hatte keinerlei Sprachprobleme und konnte sich mit mir von Beginn an wunderbar in Englisch verständigen. Ich hatte sofort das Gefühl, dass seine starke Persönlichkeit hervorragend zu unseren anderen Offensive Line Men bei den New England Patriots passen könnte. Sebastian war zwar talentiert, aber es war deutlich zu erkennen, dass er vor allem noch sehr viel Techniktraining speziell für die Positionen in der Offensive Line benötigen würde. Ich hatte ihn im College und einem All Star Game Tackle spielen sehen und da blitzte sein Können zwar schon immer mal wieder auf, aber letztendlich spielte Sebastian in meinen Augen noch nicht konstant genug.

Als wir Sebastian im Draft 2009 dann trotz allem bereits in der zweiten Runde gepickt hatten, waren viele Experten der Meinung, dass das für einen Spieler wie ihn eine viel zu hohe Position gewesen sei. Denn er wurde im Vorfeld ja nicht einmal zum NFL Combine eingeladen. Aber als ich Sebastian in Houston spielen sah, hatte ich das Gefühl, dass er das Potenzial haben könnte, sich als Tackle zu entwickeln. Also schickte ich unseren damaligen Offensive Line

Coach Dante Scarnecchia zum Pro Day nach Houston, damit er einen Tag lang mit Sebastian arbeiten und trainieren könnte. Nachdem Dante zurückkam und mir empfahl, ihn lieber früher als später zu draften, entschied ich mich auf seinen Ratschlag hin, Sebastian schon in der zweiten Draft-Runde nach Foxborough zu holen. Er besaß gute physische und mentale Fähigkeiten und avancierte in kürzester Zeit zu einem der besten Tackles in der gesamten NFL. Es war beeindruckend zu sehen, wie schnell Sebastian sich verbesserte. Er blockte in seiner gesamten Karriere auf seiner Position als Right Tackle einige der besten Pass Rusher der Liga. Und selbst als Sebastian mal auf die ungewohnte linke Seite wechseln musste, kamen Top-Spieler wie Dwight Freeney nicht an ihm vorbei.

Seine Stärken als Spieler waren sicherlich seine enorme Größe, seine körperliche Kraft, seine unbändige Mentalität und seine Intelligenz auf dem Rasen. So unerfahren Sebastian noch direkt nach seiner Collegezeit war, so schnell entwickelte er sich schon in seinem Rookie-Jahr zu einem sehr soliden Spieler auf seiner Position als Tackle. Er machte genauso schnelle Fortschritte wie jeder andere Spieler, den ich in meiner Karriere gecoacht habe. Sebastian agierte immer sehr teamorientiert, war selbstlos und somit ein wunderbarer Teamkollege. Es war mir immer eine große Freude, ihn zu coachen. Als er irgendwann verstanden hatte, was ich von ihm auf dem Spielfeld erwartete, setzte er es um und suchte nie nach Entschuldigungen. Sebastian machte in seiner Karriere wirklich alles richtig: Er trainierte hart, studierte seine Gegenspieler bis ins letzte Detail, wollte sich im Training jeden Tag verbessern, verstand unseren Game-Plan zu 100 Prozent, war jederzeit wachsam und hatte auf dem Rasen eine hohe Antizipation. Mit Sebastian gab es nie Probleme. Ganz im Gegenteil. Wir alle bei den Patriots haben von seiner professionellen Einstellung und seiner Art und Weise, ein

Nachwort – Bill Belichick (Head Coach der New England Patriots)

Team zu führen, jeden Tag profitiert. Sebastian hatte während seiner Zeit bei den New England Patriots eine Schlüsselrolle und einen großen Anteil an den Erfolgen des gesamten Teams in den Jahren 2009 bis 2016.

Ich glaube, dass Sebastian nach seiner aktiven Karriere wirklich die Möglichkeit hat, zu tun, was er persönlich für richtig hält. Er ist sehr smart, loyal, selbstlos, hat eine großartige Arbeitsauffassung und macht sich immer Gedanken um die Menschen um ihn herum. Für mich besitzt Sebastian eine großartige Kombination aus persönlicher, professioneller und sozialer Kompetenz. Ich hoffe sehr, dass er sich von all seinen Footballverletzungen so gut erholt, dass er sein Leben nach der NFL nun genießen kann.

Sebastian, ich wünsche Dir ein langes und glückliches Leben mit Deiner Ehefrau Lindsey und Euren gemeinsamen Kindern!

Bill Belichick

320 Seiten
24,99 € (D) | 25,70 € (A)
ISBN 978-3-7423-0583-1

Tom Brady
Die TB12-Methode
Der Schlüssel zu lebenslanger Fitness und Leistungsfähigkeit

Acht Teilnahmen am Super Bowl. Fünfmal als Sieger. Viermal wurde er als wertvollster Spieler des Finales ausgezeichnet. Tom Brady ist der berühmteste Quarterback der NFL-Geschichte. Die TB12-Methode lüftet das Erfolgsgeheimnis des Champions und zeigt, wie wir alle langfristig fit bleiben können. Tom Brady erklärt, warum ein geschmeidiger Körper so wichtig für ein gesundes Training und Leben ist, und präsentiert eine Vielzahl von Übungen für mehr Flexibilität. Hinzu kommen Übungen für ein effektives Krafttraining ohne Gewichte, das den gesamten Körper in Form bringt. Abgerundet wird die TB12-Methode durch wertvolle Tipps zur richtigen Ernährungsweise und Regeneration. Und natürlich schildert Tom seine eigenen Erfahrungen beim Training und seine Entwicklung zum Spitzensportler – ein Buch für Fitnessbegeisterte und Fans.